dtv

In der zutiefst berührenden Geschichte seines Vaters erzählt Arno Geiger von einem Menschen, dessen Vitalität und Klugheit mit der Alzheimerkrankheit nicht verschwinden. Geboren 1926 als drittes von zehn Kindern, die Eltern Kleinbauern in Wolfurt, drei Kühe, ein Obstgarten, ein Acker, ein Bienenhaus. Mit achtzehn Krieg an der Ostfront, mit neunzehn Kriegsgefangenschaft, Krankheit, Lazarett und dann der Wunsch, nie wieder wegzugehen aus dem Dorf. Der Vater baut ein Haus auf dem Hügel, er heiratet. Mit der Geschichte seines Vaters beginnt Arno Geiger auch seine eigene Kindheit wiederzuentdecken. Er schließt nochmals Freundschaft mit seinem Vater, versucht, seine oft eigenwilligen Sätze zu verstehen und entdeckt, dass sein Vater noch vieles besitzt: Charme, Selbstbewusstsein und Witz. Trotz der Konfrontation mit dem unwiederbringlichen Verlust ist Arno Geigers Buch ein lichtes, lebendiges, oft komisches Buch.

Arno Geiger, 1968 in Bregenz geboren, wuchs in Wolfurt/Vorarlberg auf. Er studierte Deutsche Philologie, Alte Geschichte und Vergleichende Literaturwissenschaft in Innsbruck und Wien. Für seine Bücher erhielt er viele Auszeichnungen, u. a. den Friedrich-Hölderlin-Förderpreis, den Friedrich-Hölderlin-Preis, den Johann Peter Hebel-Preis, den Literaturpreis der Konrad Adenauer-Stiftung, den Deutschen Buchpreis, den Preis der Stiftung Sonnweid und den Anton Wildgans-Preis. Zuletzt erschienen die drei Reden ›Grenzgehen‹ und das Kinderbuch ›Jona tobt‹. Arno Geiger lebt als freier Schriftsteller in Wien.

Arno Geiger

Der alte König in seinem Exil

Deutscher Taschenbuch Verlag

Von Arno Geiger
sind im Deutschen Taschenbuch Verlag erschienen:
Im Regen (8230)
Schöne Freunde (13504)
Kleine Schule des Karussellfahrens (13505)
Es geht uns gut (13562)
Irrlichterloh (13697)
Anna nicht vergessen (13785)
Alles über Sally (14018)

2012
Deutscher Taschenbuch Verlag GmbH & Co. KG,
München
www.dtv.de
Lizenzausgabe mit Genehmigung
des Carl Hanser Verlages München
© Carl Hanser Verlag München 2011
Umschlagkonzept: Balk & Brumshagen
Umschlagfoto: gettyimages/Iain Sarjeant
Satz: Satz für Satz. Barbara Reischmann, Leutkirch
Druck und Bindung: Druckerei C. H. Beck, Nördlingen
Gedruckt auf säurefreiem, chlorfrei gebleichtem Papier
Printed in Germany · ISBN 978-3-423-14154-3

Man muss auch das Allgemeinste
persönlich darstellen.

Hokusai

Als ich sechs Jahre alt war, hörte mein Großvater auf, mich zu erkennen. Er wohnte im Nachbarhaus
unterhalb unseres Hauses, und weil ich seinen Obstgarten
als Abkürzung auf dem Weg zur Schule benutzte, warf er
mir gelegentlich ein Scheit Holz hinterher, ich hätte in
seinen Feldern nichts verloren. Manchmal jedoch freute
ihn mein Anblick, er kam auf mich zu und nannte mich
Helmut. Das war ebenfalls nichts, womit ich etwas anfangen konnte. Der Großvater starb. Ich vergaß diese Erleb-
nisse – bis die Krankheit bei meinem Vater losging.

In Russland gibt es ein Sprichwort, dass nichts im Leben
wiederkehrt außer unseren Fehlern. Und im Alter ver-
stärken sie sich. Da mein Vater schon immer einen Hang
zum Eigenbrötlerischen hatte, erklärten wir uns seine bald
nach der Pensionierung auftretenden Aussetzer damit,
dass er jetzt Anstalten machte, jegliches Interesse an seiner Umwelt zu verlieren. Sein Verhalten erschien typisch
für ihn. Also gingen wir ihm etliche Jahre mit Beschwö-
rungen auf die Nerven, er solle sich zusammenreißen.

Heute befällt mich ein stiller Zorn über diese Vergeudung
von Kräften; denn wir schimpften mit der Person und
meinten die Krankheit. »Lass dich bitte nicht so gehen!«,
sagten wir hundertmal, und der Vater nahm es hin, geduldig und nach dem Motto, dass man es am leichtesten hat,
wenn man rechtzeitig resigniert. Er wollte dem Vergessen

nicht trotzen, verwendete nie auch nur die geringsten Gedächtnisstützen und lief daher auch nicht Gefahr, sich zu beklagen, jemand mache Knoten in seine Taschentücher. Er leistete sich keinen hartnäckigen Stellungskrieg gegen seinen geistigen Verfall, und er suchte nicht ein einziges Mal das Gespräch darüber, obwohl er – aus heutiger Sicht – spätestens Mitte der neunziger Jahre um den Ernst der Sache gewusst haben muss. Wenn er zu einem seiner Kinder gesagt hätte, tut mir leid, mein Gehirn lässt mich im Stich, hätten alle besser mit der Situation umgehen können. So jedoch fand ein jahrelanges Katz-und-Maus-Spiel statt, mit dem Vater als Maus, mit uns als Mäusen und mit der Krankheit als Katze.

Diese erste, sehr nervenaufreibende, von Unsicherheit und Verunsicherung geprägte Phase liegt hinter uns, und obwohl ich noch immer nicht gerne daran zurückdenke, begreife ich jetzt, dass es einen Unterschied macht, ob man aufgibt, weil man nicht mehr will, oder weil man weiß, dass man geschlagen ist. Der Vater ging davon aus, dass er geschlagen war. Im Abschnitt seines Lebens angelangt, in dem seine geistige Kraft verging, setzte er auf innere Haltung; etwas, das mangels wirkungsvoller Medikamente auch für die Angehörigen eine praktikable Möglichkeit ist, mit der Misere dieser Krankheit umzugehen.

Milan Kundera schreibt: *Das einzige, was uns angesichts dieser unausweichlichen Niederlage, die man Leben nennt, bleibt, ist der Versuch, es zu verstehen.*

Ich stelle mir Demenz in der mittleren Phase, in der sich mein Vater momentan befindet, ungefähr so vor: Als wäre man aus dem Schlaf gerissen, man weiß nicht, wo man ist, die Dinge kreisen um einen her, Länder, Jahre, Menschen. Man versucht sich zu orientieren, aber es gelingt nicht. Die Dinge kreisen weiter, Tote, Lebende, Erinnerungen, traumartige Halluzinationen, Satzfetzen, die einem nichts sagen – und dieser Zustand ändert sich nicht mehr für den Rest des Tages.

Wenn ich zu Hause bin, was nicht allzu oft vorkommt, da wir die Last der Betreuung auf mehrere Schultern verteilen können, wecke ich den Vater gegen neun. Er liegt ganz verdattert unter seiner Decke, ist aber ausreichend daran gewöhnt, dass Menschen, die er nicht erkennt, in sein Schlafzimmer treten, so dass er sich nicht beklagt.

»Willst du nicht aufstehen?«, frage ich ihn freundlich. Und um ein wenig Optimismus zu verbreiten, füge ich hinzu: »Was für ein schönes Leben wir haben.«

Skeptisch rappelt er sich hoch. »Du vielleicht«, sagt er.

Ich reiche ihm seine Socken, er betrachtet die Socken ein Weilchen mit hochgezogenen Augenbrauen und sagt dann:

»Wo ist der dritte?«

Ich helfe ihm beim Anziehen, damit das Prozedere nicht ewig dauert, er lässt es bereitwillig über sich ergehen. Anschließend schiebe ich ihn hinunter in die Küche, wo er sein Frühstück bekommt. Nach dem Frühstück fordere ich ihn auf, sich rasieren zu gehen. Er sagt augenzwinkernd:

»Ich wäre besser zu Hause geblieben. Dich komme ich nicht so schnell wieder besuchen.«

Ich zeige ihm den Weg ins Badezimmer. Er singt »Oje-oje, oje-oje …« und spielt auf Zeitgewinn.

»Du sollst dich doch nur rasieren, damit du etwas gleichschaust«, sage ich.

Er folgt mir zögernd. »Wenn du dir etwas davon versprichst …«, murmelt er, blickt in den Spiegel, reibt heftig mit beiden Händen die vom Kopf abstehenden Haare, so dass die Haare hinterher tatsächlich anliegen. Er schaut sich erneut an, sagt »Fast wie neu«, lächelt und bedankt sich herzlich.

Neuerdings bedankt er sich sehr oft. Vor einigen Tagen sagte er, ohne dass ich den geringsten Zusammenhang hätte herstellen können: »Ich bedanke mich recht herzlich bei dir schon im Voraus.«

Auf derartige Eröffnungen reagiere ich mittlerweile entgegenkommend: »Gern geschehen«, sage ich, oder: »Keine Ursache« oder: »Das tue ich doch gern.« Denn erfahrungsgemäß sind bestätigende Antworten, die dem Vater das Gefühl geben, alles sei in Ordnung, besser als das Nachfragen von früher, das ihn nur beschämte und verunsicherte; niemand gibt gerne Antworten auf Fragen, die ihn, wenn er sie überhaupt begreift, nur zur Einsicht in seine Unzulänglichkeiten bringen.

Am Anfang waren diese Anpassungsmaßnahmen schmerzhaft und kräftezehrend. Weil man als Kind seine Eltern für stark hält und glaubt, dass sie den Zumutungen des Lebens standhaft entgegentreten, sieht man ihnen die allmählich sichtbar werdenden Schwächen sehr viel schwerer nach als anderen Menschen. Doch mittlerweile habe ich in die neue Rolle einigermaßen gut hineingefunden. Und ich habe auch gelernt, dass man für das Leben eines an Demenz erkrankten Menschen neue Maßstäbe braucht.

Wenn mein Vater sich bedanken möchte, soll er sich bedanken, auch ohne nachvollziehbaren Anlass, und wenn er sich darüber beklagen will, dass ihn alle Welt im Stich lässt, soll er sich beklagen, egal, ob seine Einschätzung in der Welt der Fakten standhalten kann oder nicht. Für ihn gibt es keine Welt außerhalb der Demenz. Als Angehöriger kann ich nur versuchen, die Bitterkeit des Ganzen ein wenig zu lindern, indem ich die durcheinandergeratene Wirklichkeit des Kranken gelten lasse.

Da mein Vater nicht mehr über die Brücke in meine Welt gelangen kann, muss ich hinüber zu ihm. Dort drüben, innerhalb der Grenzen seiner geistigen Verfassung, jenseits unserer auf Sachlichkeit und Zielstrebigkeit ausgelegten Gesellschaft, ist er noch immer ein beachtlicher Mensch, und wenn auch nach allgemeinen Maßstäben nicht immer ganz vernünftig, so doch irgendwie brillant.

Eine Katze streift durch den Garten. Der Vater sagt:

»Früher hatte ich auch Katzen, nicht gerade für mich allein, aber als Teilhaber.«

Und einmal, als ich ihn frage, wie es ihm gehe, antwortet er:

»Es geschehen keine Wunder, aber Zeichen.«

Und dann ansatzlos Sätze, so unwahrscheinlich und schwebend, wie sie einem manchmal in Träumen kommen:

»Das Leben ist ohne Probleme auch nicht leichter.«

Witz und Weisheit des August Geiger. Schade nur, dass

die Sprache langsam aus ihm heraussickert, dass auch die Sätze, bei denen einem vor Staunen die Luft wegbleibt, immer seltener werden. Was da alles verlorengeht, das berührt mich. Es ist, als würde ich dem Vater in Zeitlupe beim Verbluten zusehen. Das Leben sickert Tropfen für Tropfen aus ihm heraus. Die Persönlichkeit sickert Tropfen für Tropfen aus der Person heraus. Noch ist das Gefühl, dass dies mein Vater ist, der Mann, der mitgeholfen hat, mich großzuziehen, intakt. Aber die Momente, in denen ich den Vater aus früheren Tagen nicht wiedererkenne, werden häufiger, vor allem abends.

Die Abende sind es, die einen Vorgeschmack auf das liefern, was bald schon der Morgen zu bieten haben wird. Denn wenn es dunkel wird, kommt die Angst. Da irrt der Vater rat- und rastlos umher wie ein alter König in seinem Exil. Dann ist alles, was er sieht, beängstigend, alles schwankend, instabil, davon bedroht, sich im nächsten Moment aufzulösen. Und nichts fühlt sich an wie zu Hause.

Ich sitze seit einiger Zeit in der Küche und tippe Notizen in meinen Laptop. Im Wohnzimmer läuft der Fernseher, und der Vater, der von dort Stimmen hört, schleicht auf Zehenspitzen durch die Diele, lauscht und murmelt mehrmals bei sich:

»Das sagt mir nichts.«

Dann kommt er zu mir in die Küche, tut so, als schaue er mir beim Schreiben zu. Aber ich merke mit einem Seitenblick, dass er Unterstützung braucht.

»Willst du nicht ein bisschen fernsehen?«, frage ich.

»Was habe ich davon?«

»Na ja, Unterhaltung.«

»Ich möchte lieber heimgehen.«

»Du bist zu Hause.«

»Wo sind wir?«

Ich nenne Straße und Hausnummer.

»Na ja, aber viel bin ich hier nie gewesen.«

»Du hast das Haus Ende der fünfziger Jahre gebaut, und seither wohnst du hier.«

Er verzieht das Gesicht. Die Informationen, die er gerade erhalten hat, scheinen ihn nicht zu befriedigen. Er kratzt sich im Nacken:

»Ich glaube es dir, aber mit Vorbehalt. Und jetzt will ich nach Hause.«

Ich schaue ihn an. Obwohl er seine Verstörung zu verbergen versucht, ist ihm anzumerken, wie sehr ihm der Moment zu schaffen macht. Er ist voller Unruhe, Schweiß steht auf seiner Stirn. Der Anblick dieses kurz vor der Panik stehenden Menschen geht mir durch Mark und Bein.

Der quälende Eindruck, nicht zu Hause zu sein, gehört zum Krankheitsbild. Ich erkläre es mir so, dass ein an Demenz erkrankter Mensch aufgrund seiner inneren Zerrüttung das Gefühl der Geborgenheit verloren hat und sich an einen Platz sehnt, an dem er diese Geborgenheit wieder erfährt. Da jedoch das Gefühl der Irritation auch an den vertrautesten Orten nicht vergeht, scheidet selbst das eigene Bett als mögliches Zuhause aus.

Um es mit Marcel Proust zu sagen, die wahren Paradiese

sind die, die man verloren hat. Ortswechsel bewirken in so einem Fall keine Besserung, es sei denn durch die bloße Ablenkung, die man genauso gut, wenn nicht besser, durch Singen erreicht. Singen ist lustiger, demente Menschen singen gern. Singen ist etwas Emotionales, ein Zuhause außerhalb der greifbaren Welt.

Apropos Singen: Oft heißt es, an Demenz erkrankte Menschen seien wie kleine Kinder – kaum ein Text zum Thema, der auf diese Metapher verzichtet; und das ist ärgerlich. Denn ein erwachsener Mensch kann sich unmöglich zu einem Kind *zurück*entwickeln, da es zum Wesen des Kindes gehört, dass es sich nach *vorne* entwickelt. Kinder erwerben Fähigkeiten, Demenzkranke verlieren Fähigkeiten. Der Umgang mit Kindern schärft den Blick für Fortschritte, der Umgang mit Demenzkranken den Blick für Verlust. Die Wahrheit ist, das Alter gibt nichts zurück, es ist eine Rutschbahn, und eine der größeren Sorgen, die einem das Alter machen kann, ist die, dass es gar zu lange dauert.

Ich schalte den CD-Player ein. Helga, meine Schwester, hat für solche Zwecke eine Sammlung mit Volksliedern gekauft. *Hoch auf dem gelben Wagen. – Zogen einst fünf wilde Schwäne*. Oft funktioniert der Trick. Wir trällern eine halbe Stunde lang, der alte Mann legt sich zwischendurch so sehr ins Zeug, dass ich lachen muss. Der Vater lässt sich anstecken, und da es ohnehin an der Zeit ist, nutze ich den Moment und dirigiere ihn nach oben in sein Schlafzimmer. Er ist jetzt guter Stimmung, obwohl es mit dem Überblick über Zeit, Raum und Ereignisse noch immer schlecht steht; aber das bereitet ihm im Moment kein Kopfzerbrechen.

Nicht siegen, überstehen ist alles, denke ich und bin von diesem Tag mittlerweile mindestens ebenso erschöpft wie der Vater. Ich sage ihm, was er zu tun hat, bis er in seinem Pyjama steckt. Er schlüpft von selbst unter die Decke und sagt:

»Hauptsache, ich habe einen Platz zum Schlafen.«

Er blickt um sich, hebt die Hand und grüßt jemanden, der nur für ihn vorhanden ist. Dann sagt er:

»Man kann es hier schon aushalten. Es ist eigentlich ganz nett hier.«

Wie geht es dir, Papa?

Also, ich muss sagen, es geht mir gut. Allerdings unter Anführungszeichen, denn ich bin nicht imstande, es zu beurteilen.

Was denkst du über das Vergehen der Zeit?

Das Vergehen der Zeit? Ob sie schnell vergeht oder langsam, ist mir eigentlich egal. Ich bin in diesen Dingen nicht anspruchsvoll.

Die Schatten der Anfänge verfolgen mich noch immer, obwohl die Jahre einen gewissen Abstand hergestellt haben. Wenn ich aus dem Fenster hinunter auf den winterstarren Obstgarten schaue und daran zurückdenke, was mit uns passiert ist, überkommt mich das Gefühl eines vor langer Zeit begangenen Fehltritts.

Die Krankheit des Vaters fing auf so verwirrende Weise langsam an, dass es schwierig war, den Veränderungen die richtige Bedeutung beizumessen. Die Dinge schlichen sich ein wie in der Bauernsage der Tod, wenn er draußen auf dem Gang mit seinen Knochen klappert, ohne sich zu zeigen. Wir hörten das Geräusch und dachten, es sei der Wind im langsam verfallenden Haus.

Die frühesten Anzeichen der Krankheit zeigten sich Mitte der neunziger Jahre, doch gelang es uns nicht, die Ursache richtig zu deuten. Mit bitterem Kopfschütteln erinnere ich mich an die Renovierung der Terrassenwohnung, als der Vater die Betondeckel der ehemaligen Klärkammern zerschlug, weil er die Deckel alleine nicht hochheben und zurück in die Öffnung legen konnte. Das war nicht die erste Situation, in der ich den Eindruck hatte, er mache mir das Leben mutwillig schwer. Wir schrien einander an. Während der weiteren Arbeiten verließ ich das Haus regelmäßig in der Angst, dass mich beim Nachhausekommen die nächste böse Überraschung erwarten werde.

Dann der Besuch eines Redakteurs vom Schweizer Radio. Auch dies ein Tag, der sich ins Gedächtnis eingeprägt hat. Das war im Herbst 1997, kurz nach Erscheinen meines ersten Romans. Ich sollte ein Kapitel des Buches auf Band lesen und bat den Vater, am Nachmittag keinen Lärm zu machen. Kaum hatte die Aufnahme begonnen, setzte in der Werkstatt ein beständiges Hämmern ein, das andauerte, solange das Mikrophon des Redakteurs offen war. Noch während ich las, empfand ich einen tiefen Zorn auf den Vater, ja geradezu Hass wegen seiner Rücksichtslosigkeit. In den Tagen darauf ging ich ihm aus dem Weg, ich redete tagelang kein Wort mit ihm. Die Parole lautete: *Sabotage*.

Und wann hat Peter geheiratet, mein älterer Bruder? Das war 1993. Bei der Hochzeitsfeier verdarb sich der Vater den Magen, weil ihm das Maß abhandengekommen war und er nach dem mehrgängigen Essen zehn oder fünfzehn Tortenstücke verschlang. Spätnachts schleppte er sich nach Hause und lag dort zwei Tage mit heftigen Schmerzen im Bett. Er hatte Angst zu sterben, tat aber niemandem leid, denn wir dachten, es geschehe ihm recht. Niemand sah, dass er langsam seine alltagspraktischen Fähigkeiten verlor.

Die Krankheit zog ihr Netz über ihn, bedächtig, unauffällig. Der Vater war schon tief darin verstrickt, ohne dass wir es merkten.

Während wir Kinder die Zeichen missdeuteten, muss das Gefühl, mit dem er selber die Veränderungen an sich wahrnahm, qualvoll gewesen sein, die bohrende Angst, dass etwas Feindliches sich seiner bemächtigte, gegen das er sich nicht wehren konnte. Dazu geäußert hat er sich nie, das verhinderte seine Verschlossenheit, seine Unfähigkeit, Gefühle mitzuteilen. Das lag nicht in seinem Charakter, er hatte es nie getan, und jetzt war es zu spät, damit anzufangen. Zu allem Unglück hatte er diese Unfähigkeit an seine Kinder weitergegeben, weshalb auch von dort kein nennenswerter Vorstoß kam. Niemand fasste sich ein Herz. Wir ließen den Dingen ihren Lauf. Ja, gut, der Vater hatte merkwürdige Momente. Aber hatte er die nicht immer schon gehabt? – Sein Verhalten war eigentlich normal.

Tatsächlich schien alles Merkwürdige zunächst nur ein nachvollziehbares Resultat bestimmter Charaktereigenschaften in Konfrontation mit einer neuen Situation zu sein. Der Vater wurde älter, aber vor allem hatte ihn seine Frau nach dreißig Jahren Ehe verlassen. Die Vermutung, dass es ihm deshalb an Antrieb fehlte, lag nahe.

Die Trennung hatte ihm schwer zu schaffen gemacht, er war strikt gegen eine Scheidung gewesen, einerseits weil er mit meiner Mutter zusammenbleiben wollte, andererseits weil es für ihn Dinge gab, die streng bindend sind. Er hatte nur unzureichend mitbekommen, dass sich die Belastbarkeit gewisser Konventionen abgenutzt hatte. Sehr im Gegensatz zu den heute flexiblen Lebensentwürfen hielt er an einer vor Jahrzehnten getroffenen Entscheidung fest und wollte ein gegebenes Gelübde nicht brechen. Auch hierin gehörte er einer anderen Generation an als seine um fünfzehn Jahre jüngere Frau. Für sie stand nicht der Ruf oder ein Versprechen auf dem Spiel, sondern ein Leben mit der Möglichkeit, anderswo glücklich zu werden. Während die Mutter das Haus verließ, harrte der Vater innerlich bei der toten Beziehung aus, treu der verlorenen Sache.

Das Weggehen der Mutter leitete beim Vater eine Zeit des Brütens und der Tatenlosigkeit ein. Es war, als sei die letzte Feder in ihm gesprungen. Sogar die Gartenarbeit gab er auf, obwohl er wusste, dass seine Kinder beruflich sehr eingespannt waren und unter der zusätzlichen Belastung stöhnten. Der Vater entband sich selbst von praktisch allem, keine Spur mehr vom früheren Eifer, mit dem er jahrzehntelang seine Vorhaben vorangetrieben hatte. Lapidar verkündete er, dass jetzt die Jungen an der Reihe seien, er selber habe in seinem Leben genug gearbeitet.

Diese Ausreden ärgerten uns, und Ausreden waren es, wenn auch für etwas anderes als für das, was wir vermuteten. Wir dachten, seine Defizite kämen vom Nichtstun. Dabei war es umgekehrt, das Nichtstun kam von den Defiziten. Weil ihm auch kleinere Aufgaben über den Kopf wuchsen und er merkte, dass er die Kontrolle verlor, trat er jegliche Verantwortung ab.

Statt täglich die Tomatenstauden zu gießen, verbrachte er seine Zeit mit Patiencenlegen und Fernsehen. Ich erinnere mich, wie übel mir seine monotonen Freuden aufstießen. Für mich, der ich zu dieser Zeit versuchte, beruflich auf die Beine zu kommen, roch sein Leben nach dumpfer Gleichgültigkeit. *Patiencenlegen und Fernsehen?* Das ist auf

Dauer kein Lebensinhalt, dachte ich, und ich machte aus meiner Meinung kein Hehl. Ich beschwor den Vater, ich stichelte und provozierte, redete von Trägheit und fehlendem Mumm. Doch auch die hartnäckigsten Versuche, ihn aus seiner Benommenheit zu reißen, scheiterten kläglich. Mit der Miene eines Pferdes, das reglos im Gewitter steht, ließ er die Angriffe über sich ergehen. Dann setzte er seinen Alltagstrott fort.

Hätte ich damals nicht mehrere Monate im Jahr zu Hause verbringen müssen, damit ich als Ton- und Videotechniker auf der Bregenzer Seebühne das Geld verdiente, das das Schreiben nicht abwarf, hätte ich einen weiten Bogen um das Elternhaus gemacht. Nach wenigen Tagen des Aufenthalts senkte sich dort unendliche Trübsal auf mich herab. Meinen Geschwistern ging es ähnlich. Nach und nach zogen alle aus. Die Kinder stoben auseinander. Die Luft um den Vater wurde dünner.

So etwa stand es um unsere Gemütsverfassungen im Jahr 2000. Die Krankheit fraß sich nicht nur ins Gehirn des Vaters, sondern auch in das Bild, das ich mir als Kind von ihm gemacht hatte. Meine ganze Kindheit lang war ich stolz gewesen, sein Sohn zu sein. Jetzt hielt ich ihn zunehmend für einen *Schwach*kopf.

Es wird wohl stimmen, was Jacques Derrida gesagt hat: dass man stets um Vergebung bittet, wenn man schreibt.

Tante Hedwig erzählt, einmal hätten Emil – der älteste der sechs Brüder meines Vaters – und sie einen Besuch bei ihm gemacht. Emil hatte die Haarschneidemaschine und das Umhängetuch dabei, Tante Hedwig weiß aber nicht mehr, ob sich mein Vater auf einen Haarschnitt eingelassen hat. Es sei mitten am Nachmittag gewesen. Im Wohnzimmer auf dem Couchtisch sei zu Tante Hedwigs Erstaunen ein Teller mit Sugoresten gestanden. Später sei meinem Vater ein Glas hinuntergefallen, er habe hilflos geschaut, worauf Tante Hedwig ihm das Angebot gemacht habe, die Scherben wegzuräumen. Sie habe ihn gefragt, wo der Kehrwisch sei. Er habe es ihr nicht sagen können, habe sie angeschaut, und plötzlich habe er Tränen in den Augen gehabt. In diesem Moment habe sie Bescheid gewusst.

Darüber geredet hätten sie nicht. Lautlos focht der Vater den Kampf mit sich selber aus. Er machte keine Erklärungsversuche. Er machte keine Ausbruchsversuche – bis auf die Wallfahrt nach Lourdes.

Das war 1998 mit Maria, der ältesten seiner drei Schwestern, die von allen Mile genannt wird, mit Erich, dem jüngsten überlebenden Bruder, und Waltraud, der Schwägerin. Der Vater, der mit seiner Frau und seinen Kindern kein einziges Mal in den Urlaub gefahren war, weil er die Welt angeblich im Krieg gesehen hatte, trat eine vergleichsweise lange Reise an in der schmalen Hoffnung auf Gnade.

Da steht man dann und lächelt leer und betet nachts und – als ob die Nachtgebete keine Macht hatten – morgens gleich wieder.

Mile, die schon damals nicht gut auf den Beinen war, soll zu ihm gesagt haben:

»Du kannst für mich gehen, und ich kann für dich denken.«

Schrecklich ist vor allem, was wir nicht begreifen. Deshalb besserte sich die Situation, als immer mehr Anzeichen darauf hindeuteten, dass den Vater mehr als nur Vergesslichkeit und Motivationsprobleme plagten. Dass ihn ganz alltägliche Dinge vor unlösbare Probleme stellten, ließ sich mit Zerstreutheit nicht mehr erklären, unmöglich, sich noch länger zu täuschen. In der Früh zog er sich nur halb, verkehrt oder vierfach an, mittags schob er die Tiefkühlpizza mitsamt der Verpackung ins Rohr, und seine Socken deponierte er im Kühlschrank. Auch wenn wir das ganze Ausmaß des Schreckens weiterhin nur langsam erfassten, war uns irgendwann doch klar, der Vater lässt sich nicht hängen, sondern leidet an Demenz.

Jahrelang war mir dieser Gedanke nicht einmal gekommen, das Bild, das ich vom Vater gehabt hatte, war dieser Deutung im Weg gestanden. So absurd es klingt, aber ich hatte es ihm einfach nicht zugetraut!

Die Einsicht in den wahren Sachverhalt bedeutete für alle eine Erleichterung. Jetzt gab es für das Chaos der zurückliegenden Jahre eine Erklärung, die wir akzeptieren konnten, wir fühlten uns nicht mehr so am Boden zerstört. Nur die Einsicht, dass wir viel zu viel Zeit damit vergeudet hatten, gegen ein Phantom anzukämpfen, war bitter – Zeit, die wir tausendmal sinnvoller hätten nutzen sollen. Wenn wir klüger, aufmerksamer und interessierter gewesen wären, hätten wir nicht nur dem Vater, sondern auch uns selber vieles erspart, und vor allem hätten wir besser auf ihn aufpassen und noch rasch einige Fragen stellen können.

Die Anfänge der Krankheit waren eine schreckliche Zeit, ein vollkommener Fehlschlag. Außerdem waren sie die Zeit der großen Verluste.

Das betrifft sowohl das biographische Gedächtnis des Vaters als auch das konkrete Verschwinden von Dingen, die im Leben des Vaters wichtig gewesen waren. Sein Fahrrad aus den fünfziger Jahren, Dreigang, ein Lenker mit Schwung, ein lederner Sattel mit quietschender Federung. Jahrzehntelang war der Vater auf diesem Fahrrad auch bei Schnee und Eis zur Arbeit im Gemeindeamt gefahren, wo er im Alter von sechsundzwanzig Jahren als Gemeindeschreiber begonnen hatte – verloren. Das Brustbild, unmittelbar nach dem Krieg aufgenommen, ein Jugendlicher mit nur wenig mehr als vierzig Kilogramm – verloren. Mein Vater hatte das Foto fast sechzig Jahre lang in seiner Geldtasche mit sich herumgetragen, gemeinsam mit einem Foto seiner Mutter. Dinge, an denen sein Herz gehangen hatte.

Einer Freundin, Adrian, erzählte ich von dem Foto und davon, wie sehr es mich beeindrucke. Ich beschrieb es, mein Vater, gerade neunzehn geworden, wenige Tage nach der Entlassung aus einem russischen Lazarett. Dort hatte er eine Ruhrerkrankung überstanden, mehr durch Zufall als durch Pflege, wochenlang am Rand des Grabes, inmitten von unvorstellbarem Elend. Dieses Foto hatte er gerne hergezeigt, ganz kurze Haare, sehr markante Gesichtszüge, etwas Besonderes im Ausdruck, schwer zu fassen, von einer Klarheit und gleichzeitigen Erschrockenheit in den dunkel blitzenden Augen, die anziehend wirkten. Kein Foto, bei dem man sich darüber lustig machte, dass jemand es statt eines Fotos von der Frau und den Kindern in der Geldtasche trug.

Als ich nach Wolfurt aufbrach, ermahnte mich Adrian, ich solle eine Kopie machen lassen, sie wundere sich, dass ich das nicht längst getan hatte. Das war im Jahr 2004. Von Berlin kommend, traf ich am Nachmittag zu Hause ein, und da mein Vater wie praktisch jeden Tag während dieser Zeit bei Peter und Ursula im Garten saß und seinen Enkelinnen beim Spielen zusah, klopfte ich alle seine Jacken und Hosen ab, durchwühlte die Schubladen und Schränke, ganz wie vor Jahrzehnten, wenn ich als Kind im Haus herumgeschnüffelt hatte. Diesmal schnüffelte ich erfolglos. Ich rief Helga an, um zu fragen, ob sie etwas über den Verbleib von Papas Brieftasche wisse. Sie meinte, die gebe es schon seit Jahren nicht mehr, die habe er verloren. Ich weiß noch, wie enttäuscht ich war, wie zornig, zornig über mich, zornig über uns alle, weil wir nicht rechtzeitig eingegriffen hatten.

Am Abend sprach ich den Vater auf das Foto an. Er brachte eine an den Haaren herbeigezogene Geschichte auf, dass er in Ägypten gewesen sei und in Griechenland, wo ihm seine Hosen gestohlen worden seien.

»Wie? Was? Wo?«, fragte ich erschüttert, denn mir war schlagartig klar, dass nicht nur das Foto auf einer Schutthalde gelandet war, sondern auch das Wissen, das mein Vater über seine Vergangenheit gehabt hatte.

»Papa, du willst in Ägypten gewesen sein?«

»Natürlich nicht freiwillig, sondern im Rahmen der Kinderlandverschickung.«

»Und wie hat es dir dort gefallen?«, fragte ich lahm.

»Es war langweilig«, gab er achselzuckend zur Antwort.

»Ich habe dort nichts gesehen und nichts erlebt. Ich war dort als Nichtskönner, Nichtstuer und Nichtswisser.«

Wie war deine Kindheit, Papa?

Mhm. Gut. Harmlos. Was wir hatten, war alles eher primitiv, sowohl in der Art, der Menge als auch in der Wirkung.

Denkst du oft daran zurück?

Ich kann mich an manches erinnern, aber alles weiß ich nicht mehr. Ich glaube, ich habe mich abgesetzt von dem allem.

Was fällt dir zu deinem Vater ein?

Im Augenblick nichts.

Aber einen Vater wirst du doch gehabt haben?

Ja, klar.

Er war wohl keine sonderlich wichtige Person in deinem Leben?

Das muss ich bejahen. Er hat sehr wenig wichtige Gedanken gehabt. Er hat sich zu wenig verkopft.

Und deine Mutter?

Meine Mutter! Von ihr habe ich Bescheidenheit gelernt. Sie ist eine bescheidene Person gewesen, hilfsbereit und freundlich. Jeder hat sie gerne gemocht.

Kinder, die den Namen August tragen, sind selten geworden. Meinem Vater jedoch hat der Name während achteinhalb Jahrzehnten gute Dienste geleistet, nur von den Schulkollegen verkürzt zu *Gustl*, ansonsten ein Leben lang in voller Länge, bei den Eltern, den Geschwistern, der Frau, den Arbeitskollegen: August.

Geboren wurde er am 4. Juli 1926 als drittes von zehn Kindern. Seine Eltern waren Kleinbauern in Wolfurt, einer Vorarlberger Rheintalgemeinde, in der es aufgrund des Erbrechts keine Großbauern gibt. Die Eltern meines Vaters besaßen drei Kühe, einen Obstgarten, einen Acker, eine Streuwiese, ein Stück Wald, ein Schnapsbrennrecht für dreihundert Liter und ein Bienenhaus. Davon hätte eine Familie mit so vielen Kindern nicht leben können. Adolf Geiger, *der Dätt*, verdiente als Angestellter in der noch jungen Stromindustrie dazu. Mit dem Fahrrad fuhr er durch die Dörfer des unteren Rheintals und las in den Häusern die Stromzähler ab.

Wenn sich der Dätt an einem verlorenen Hufnagel einen Platten fuhr, stellte er das Fahrrad vor das Haus, damit eines der Kinder, meistens August, den Platten flickte. Ich selber habe mein kaputtes Fahrrad ebenfalls einfach vors Haus gestellt, damit Vater es flickte. Und wie mein Vater seinen Eltern gehorchen musste, wurde später von ihm erwartet, dass er seinen Kindern gehorchte. Seine Kinder waren in eine andere Welt hineingeboren worden und glaubten zu wissen, wo es langgeht und wie man es richtig macht.

Der Dätt soll ein guter Rechner gewesen sein, ansonsten ein durchschnittlich begabter und nicht sehr robuster Mann. Er habe lieber kommandiert als gearbeitet, weil alle in der Familie geschickter und bald auch kräftiger gewesen seien als er und er sich vor seiner Frau und den Kindern nicht blamieren wollte. Aus demselben Grund habe der Dätt nie erklärt, wie etwas gemacht werden solle, sondern nur befohlen, dass es zu geschehen habe. So habe er vermieden, dass ihm jemand sagt, wie man es besser machen könnte.

Das ganze Gebaren des Dätt war autoritär, es kam ihm leicht die Hand aus. Trotzdem habe sich das vermeidungstaktische Manövrieren der Kinder in Grenzen gehalten. Wenn der Unsinn, den der Dätt geredet habe, nicht zum Aushalten gewesen sei, habe man ihm widersprochen (sagen Mile und Paul).

Die älteren Kinder empfanden den Dätt als störendes Element und mieden ihn. Zur sonntäglichen Messe gingen sie drei Minuten vor oder drei Minuten nach ihm, aber nie mit ihm. Vom Rand der Familie aus bemühte er sich daraufhin um ein besseres Verhältnis zu den jüngeren Kindern. Mit ihnen sei er vernünftig umgegangen, habe mit ihnen *Fuchs und Henne* gespielt und sie zu langen Spaziergängen mitgenommen, da war er schon älter. Doch die Echos seiner Ohrfeigen hallen auch in ihren Erzählungen nach.

Einmal ließ sich der Dätt vom vierzehnjährigen Emil huckepack über die Schwarzach tragen. Das war 1937. Es sei ihm zu mühsam gewesen, sich die Schuhe auszuziehen.

Er habe viel gelesen. Doch wie das Verteilen von Ohrfeigen war auch das Lesen kein Verhalten, das sich auf die Kinder übertragen hat. Ansteckender waren die Eigenheiten der Mutter.

Die Mam sei klüger gewesen als der Dätt. Das sagte mein Vater, als ihn an solche Dinge noch Erinnerungsfäden banden: warmherzig, freundlich, eine schmale, sehr kräftige Frau mit einem klar konturierten Bizeps. Ihr Vater war Schmied in Wolfurt. In ihrer Jugend, bevor sie in eine Stickerei ging, arbeitete sie als Gehilfin in der Schmiede, weil sie keine Brüder hatte und weil ihr Vater gemerkt habe, dass mit dem klugen Mädchen etwas anzufangen war.

Die Schmiede steht oben am Waldrand hinter dem Schloss, mit einem großen Wasserrad. Vor und während des Ersten Weltkriegs legte der Lastwagen aus Dornbirn das bestellte Material am Fuß der Schlossgasse ab, und nach der Schule trugen die fünf Töchter des Schmieds die langen Eisenstangen die steile Straße hoch.

Die Mam war eine stille, jede Art von Aufsehen verabscheuende Frau, die das Leben als Vorbereitung auf den Himmel verstand. Ihre Kinder reden nur mit Hochachtung von ihr, das ist vermutlich der Hauptgrund, weshalb sie wenig über sie zu erzählen wissen. Sie habe sich oft wie eine billige Magd gefühlt, im Dorf habe es geheißen, Theresia Geiger sei eine der drei am schwersten arbeitenden Frauen im Dorf, sie hätte gleich in der Schmiede am Amboss bleiben können und Eisen hämmern, bis es glüht. Die Landwirtschaft, und ständig Kleinkinder, die mit frischen Stoffwindeln versorgt werden mussten, jeden Abend sei sie komplett nass gewesen vom Ausschlagen der gewaschenen Windeln. Manchmal habe sie sich tagsüber auf das Kanapee gelegt und zu einem der Kinder gesagt, es solle sie in fünf Minuten wecken. Die Kinder ließen die Mutter schlafen.

Wenn sie gemeinsam zum Obstauflesen gegangen sind, habe die Mam vor Beginn der Arbeit gesagt:

»Gott segne unsere Arbeit.«

Daran müsse Irene, die jüngste Schwester meines Vaters, auch heute oft denken, wenn sie selber aufs Feld geht.

Auf dem Feld stand während der Arbeit fast zwei Jahrzehnte lang eine große Obstkiste mit einem Kleinkind darin. Die Kinder lernten das Gehen in Obstkisten. In die Kisten waren die Initialen des Dätt eingebrannt, A. G. Das Brenneisen hatte der Schwiegervater gemacht, der Schmied. Brenneisen galten als eine seiner Spezialitäten, Buchstaben und Zeichen. Er verkaufte sie bis nach Ungarn und bis nach Paris und blieb trotzdem arm, oben auf der Halde beim Schloss, von wo aus man ins Appenzell hineinsieht und über den Bodensee hinüber nach Lindau und bei gutem Wetter bis Friedrichshafen.

Theresia Geiger habe zu ihren Kindern gesagt:

»Kommt nicht zu spät nach Hause, und wenn doch, dann bitte leise, damit ich nicht aufwache.«

Der Tagesablauf war immer derselbe, es gab kaum Abweichungen. In der Früh wurden die Kinder von der Mam geweckt, mehrmals, bis endlich alle auf waren. Oft mussten die Kinder in die Schule rennen, weil sie knapp dran waren. Das Schuhwerk war schlecht, im Winter blieb der Schnee an den Holzsohlen kleben, man musste ständig die Stöcklein abschlagen. Die Holzschuhe walkten den Schnee, der oft um den Nikolaustag fiel und bis zum Frühling liegen blieb.

Zum Frühstück gab es für die Kinder in einem Suppenteller warme Milch und Riebel zum Eintunken. Nur die Mam und der Dätt bekamen Kaffee. Nur der Dätt bekam Honig, außer am Sonntag, da gab es Honig für alle. Nach dem Essen wurde für die armen Seelen gebetet.

Die Kinder wurden nicht streng erzogen, sondern *streng gehalten*, so drückte man sich aus. Auch die Kühe wurden nicht gehütet, sondern *gehalten*. Das Halten der Kühe war Aufgabe der Kinder, das Halten der Kinder war Aufgabe der Eltern.

Nach heutigen Maßstäben waren die Kinder schlecht ernährt. Sie bekamen fast kein Gemüse, wenig Fleisch, viel Milch und Brot und Schmalz. Das erste Obst im Jahr wurde sehnsüchtig erwartet, es konnte passieren, dass eines der Kinder um fünf in der Früh aufwachte und sich hinausschlich, um zu schauen, ob die ersten Heubirnen heruntergefallen waren. Die Kinder legten Nester an mit dem, was sie ergattert hatten, damit sie das Gefundene nicht mit den Geschwistern teilen mussten.

Die Entbehrungen dieser Kindheit hielten sich in Grenzen, gemessen an den damaligen Verhältnissen. Stärker ins Gewicht fiel, dass Zuneigung und Aufmerksamkeit der Eltern knappe Güter waren. Aufgrund der großen Kinderzahl überstieg die Nachfrage das Angebot bei weitem. Alles musste vielfach geteilt werden.

Sowie ein Kind ein Werkzeug halten konnte, musste es helfen. Die Kleinen kümmerten sich um die noch kleineren. Beim Pferd, das vom Nachbarn geliehen wurde, mussten die Rossbremsen vertrieben werden, damit es nicht durchging. Die Kinder wurden ins Ried zum Eichelsammeln geschickt für das Schwein im Stall – Josef, der mittlere der sieben Söhne, wurde einmal bewusstlos unter einer Eiche gefunden, weil er vom Baum gefallen war. Aus dem gemähten Gras suchten die Kinder die Pflanzen heraus, die von Kühen nicht gefressen werden, Übrigstengel und Schmalzbläckter. Mit dem Handwagen fuhren die Kinder die Äpfel auf den Markt nach Bregenz. Später kam die Mam mit dem Fahrrad nach. Auf dem Heimweg haben mein Vater und der um ein Jahr jüngere Paul viel geblödelt, abwechselnd durfte einer im Handwagen aufsitzen, der andere machte das Pferd. Die genagelten Holzschuhe klapperten auf dem Pflaster. Damals gehörten die Straßen noch den Kindern.

Die Redewendung, *zu einer Arbeit eingespannt werden*, war wörtlich zu verstehen. Die Buben zogen den Heuwagen und ernteten den Spott der Mädchen:

»Mit Eseln kann man Rösser sparen!«

Es gab Bubenarbeit und Mädchenarbeit. Die Buben mussten in den Stall, die Mädchen standen um fünf in der

Früh auf und gingen vor der Schule auf den Acker zum Jäten.

Einmal hat ein Sturm das Maisfeld komplett flachgelegt. Die Kinder waren mit Pfählen und Draht einen ganzen Tag lang damit beschäftigt, alle Maispflanzen hochzubinden. Auf den Mais war die Familie angewiesen für den täglichen Riebel.

Man war weitgehend Selbstversorger, bis auf das Brot, das Mehl, den Zucker und das Salz. Gekauft wurde nur, was unbedingt nötig war, das Klopapier schnitt man aus alten Zeitungen, handbreite Streifen, auch dies eine Arbeit für Kinder. Mit einer großen Schere saß eines der Kinder am Stubentisch und peilte gerade Schnitte durchs Papier.

Zum Anheizen wurde ebenfalls Papier benötigt. Abfall entstand so gut wie keiner. Es gab einen Misthaufen, ein Schwein und einen Ofen.

Mein Vater wäre gerne ein Leben lang unabhängig geblieben, das war Teil der fest in ihm verankerten bäuerlichen Prägung, das hatte sich so für ihn bewährt, zum Missfallen seiner Frau und seiner Kinder, die in eine Welt des Konsums und des Wegwerfens hineinwuchsen. Die Fähigkeit, zu reparieren und weiterzuverwerten, und die von den Eltern übernommene Einstellung, die Befriedigung von Bedürfnissen aufzuschieben oder gewisse Bedürfnisse gar nicht erst zu haben, gehören zu einer Kultur, die hierzulande untergeht.

Im Keller des großen Rheintalhauses stand ein Brennkessel. In meiner Kindheit saß ich dort auf einem umgedrehten Eimer oder einem Holzklotz und schaute beim

Schnapsbrennen zu. Ich liebte das Knistern des Feuers im Ofen und das Plätschern des Alkoholfadens, der in die großen bauchigen Flaschen fiel – den aromatischen Schnapsgeruch in dem überheizten Raum und die nach harter Arbeit riechenden Männer. Und draußen in der Grube der auskühlende Trester und die Dampfschwaden in den Ästen des winterlich kahlen Birnbaums.

Für meinen Vater und seine Geschwister hatte das Schnapsbrennen den Nebeneffekt, dass es an diesen Tagen heißes Wasser gab. Es wurde in einen Zuber gleich nebenan in die Werkstatt geleitet, wo hinter Maschendraht auch der Hühnerstall war. Szenen wie aus einem Italo-Western: Der Schnapsgeruch, das Gackern der Hühner, die nackten Bauernkinder im warmen Wasser – das gab es etwa zehnmal im Jahr. Zu den anderen Zeiten wuschen sich alle in der Küche am einzigen Waschbecken des Hauses: kalt.

Mein Vater bewahrte sich eine zähe Anhänglichkeit für die Lebensweise seiner Kindheit. Auch später wusch er sich vor allem am Waschbecken. Tief über das Becken gebeugt, laut prustend und stöhnend, klatschte er sich Wasser ins Gesicht, dass es meterweit spritzte. Den Waschlappen bohrte er sich mit dem Zeigefinger so tief in die Ohren und rüttelte den Finger so heftig, dass es vom bloßen Zuschauen wehtat.

Das ist die karge Ausbeute, die mir der Überlieferungszufall beschert hat – ein paar liegengebliebene Halme auf dem abgeheuten Feld.

1938 kam der Anschluss. Die Familie gehörte zu den erklärten Christlichsozialen im Dorf. Der Dätt und die Mam
begriffen ihren Katholizismus nicht als reine Sonntagsan-
gelegenheit. Zudem hatte die Familie wirtschaftlich keine
Eigeninteressen, denen die neue politische Situation genutzt hätte. Dank der kleinen Landwirtschaft und der
Anstellung des Dätt in der sich gut entwickelnden Stromindustrie war die Familie gegen Krisen weitgehend gefeit.
»Waffen werden vom Teufel geladen«, habe die Mam gesagt. Und der Dätt, der ein sturer Hund war, kehrte im
Umgang mit seinem Schwager, dem Nazibürgermeister,
zum *Sie* zurück.

Politisiert wurde in der Familie nicht. Beim Essen hatten
alle den Mund voll, und zum Sitzenbleiben danach war
keine Zeit, alles zackzack, Essen runter und zurück an die
Arbeit. Dann wurde Emil, der älteste Sohn, aufgefordert,
endlich der Hitlerjugend beizutreten, er weigerte sich mit
dem Argument, er sei beim Roten Kreuz. Als ihm ange-
droht wurde, er werde von der Schule fliegen, wenn er
nicht umdenke, ließ sich der Dätt auf die Konfrontation
ein. Das Ergebnis war, dass Emil an der Wirtschaftsober-
schule bleiben durfte, der Familie aber die Kinderbeihilfe
gestrichen wurde für die damals acht Kinder. Weitere
Schwierigkeiten bekam die Familie nicht, im Gegensatz zu
den unmittelbaren Nachbarn, die an den Pranger gestellt
wurden durch ein Schild am Haus: *Diese familie ist gegen das
deutsche Volk.*

Paul erinnert sich an das kleine *f* in *familie*. Er sei elf oder
zwölf gewesen und einige Zeit vor dem Schild gestanden,

er habe sich über die falsche Rechtschreibung gewundert.

Im Nachbarhaus wohnte ein frisch verheiratetes Paar. Von der Frau übernahm mein Vater im Frühling 2009 das Zimmer im Pflegeheim, kurz nachdem die Frau vierundneunzigjährig gestorben war. So sind Biographien auf dem Dorf verknüpft.

Der Vater und seine schon schulpflichtigen Geschwister waren zu Beginn des Krieges Volksschüler und Gymnasiasten. Dass sie eine weiterführende Schulbildung ermöglicht bekamen, lag einerseits am Respekt der Eltern vor Bildung als Alternative zur kleinen Landwirtschaft, die höchstens einem der Kinder das Auskommen sichern konnte, andererseits an der Freude über die Begabungen des Nachwuchses. Obendrein wusste man es zu schätzen, dass Schulkinder zu Hause mehr mitarbeiten konnten als Lehrlinge. Nichts sprach gegen die Schule, außer bei Robert, dem drittjüngsten Sohn, der das Gymnasium hinschmiss, weil er Angst hatte, man wolle einen Pfarrer aus ihm machen.

Im Februar 1944 erhielt der Vater die Kriegsmatura und wurde eingezogen, ein siebzehnjähriger Gymnasiast bäuerlicher Herkunft, ein in seinem Ernst gestörter Ministrant mit geringer Weltkenntnis und mangelnder Lebenserfahrung – *kein Kind mehr und noch kein Erwachsener, kein Militär und doch kein Zivilist*, wie Andrej Belyj diese Schülersoldaten nennt.

Vom Arbeitsdienst wurde er Mitte 1944 zur Wehrmacht überstellt. Dem drei Jahre älteren Bruder Emil und dem ein Jahr jüngeren Paul erging es ähnlich. Die Zuhausegebliebenen verfolgten die politischen Entwicklungen jetzt notgedrungen mit mehr Interesse, aus Sorge um die eingezogenen Brüder und Söhne, die Buben – wenn man wochenlang nichts von ihnen gehört hatte: Was wird wohl sein?

Emil hatte Glück. In Afrika geriet er rasch in amerikanische Gefangenschaft und verbrachte den Rest des Krieges in Montana als Verbindungsdolmetscher. Von ihm kam nach einiger Zeit Post, somit wusste man ihn in Sicherheit. Paul wurde 1945 in Italien von den Neuseeländern gefangen genommen. Im Lager bei Bari habe er sich mit Handarbeiten ein Zubrot verdient, mit Nadeln, die er aus Zaundraht gemacht hatte, strickte er aus aufgetrennten Pulloverärmeln Mützen für Mitgefangene, die unter der Sonne litten oder optisch etwas hermachen wollten. Seine eigene Mütze habe er noch lange nach dem Krieg getragen.

Da Paul erst siebzehn war, kam er bereits im Sommer 1945 nach Hause. Die Heimkehr war nicht angekündigt; unbemerkt von allen ging er zuerst in den Stall zu den drei Kühen, dann in die Brennerei, wo der Vetter Rudolf Schnaps brannte. Der Vetter Rudolf stieg ihm voraus die hintere Treppe zur Küche hoch, dort arbeitete die Mam, die wenige Tage zuvor ihr zehntes Kind, einen Buben, wenige Stunden nach der Geburt verloren hatte. Die Nabelschnur hatte sich um den Hals des Kindes gelegt.

Der Vetter Rudolf sagte:

»Du, Theres, hier ist ein Soldat, der um Unterkunft bittet.«

Sie habe gezögert, denn das Haus war trotz der Abwesenheit dreier Söhne voll. Dann sei Paul aus dem Schatten der Tür getreten, und die Tränen seien ihm die Wangen hinuntergelaufen.

Auch für meinen Vater hatte es am Anfang gut ausgesehen. Während der Ausbildung erhielt er wegen einer hartnäckigen Infektion am rechten Unterarm zweimal Genesungsurlaub. Kaum war die Wunde verheilt, bot er an, nach Hause zu fahren und *dem Verein* für die Weihnachtsfeier Schnaps zu holen. Zwei Adventswochen in Wolfurt. Doch im Februar 1945 wurde er an die Ostfront verlegt, als achtzehnjähriger Kraftfahrer ohne Führerschein. In Oberschlesien baute er einen schweren Unfall, weil ihm auf einem vereisten Fahrdamm ein Pferdefuhrwerk nicht auswich, die Hupe kaputt, Bremsen wegen des Eises wirkungslos, er lenkte den Wagen den Damm hinunter, worauf sich der Wagen mehrmals überschlug. Den Drohungen des Vorgesetzten, das werde Folgen haben, er komme vors Kriegsgericht wegen Sabotage, begegnete er mit dem Hinweis, dass er keinen Führerschein besitze und gar nicht hätte fahren dürfen.

Als klar war, dass sich alles auflöste, setzte er sich ab und versuchte mit einigen anderen Österreichern zu den Amerikanern zu gelangen. Vermutlich aus Heimweh schlug die Gruppe die falsche Richtung ein – statt sich nach Westen zu wenden, gingen sie nach Süden, quer durch Böhmen, auf dem kürzesten Weg nach Hause und zu den Russen. Bereits auf österreichischem Terrain, im Kamptal, war es mit der raschen Heimkehr vorbei.

Wenn mein Vater später behauptete, die Welt im Krieg gesehen zu haben, meinte er nicht den Krieg, sondern die Zeit danach. In der Gefangenschaft wurde er zum Verladen von Kriegsbeute vergattert, bis er in der Suppe einen offensichtlich verdorbenen Knochen fand und ihn vor lauter Hunger abnagte. Am Tag darauf hatte er die Ruhr und magerte innerhalb kurzer Zeit bis auf vierzig Kilo ab. Die nächsten vier Wochen verbrachte er in einem provisorischen Lazarett am Stadtrand von Bratislava unter Zuständen, von denen ich bis vor wenigen Monaten nichts wusste. Diese vier Wochen blieben ausgespart, die Erzählungen des Vaters begannen meist erst mit dem Tag, an dem ihn die Sowjets laufenließen, »weil ich nichts mehr wert war«.

Gemeinsam mit einigen anderen Österreichern wurde er von einem Rotarmisten an die March zur slowakischösterreichischen Grenze bei Hainburg gebracht.

»Lebt wohl, Österreicher!«, waren die Abschiedsworte des Rotarmisten. Diese Worte murmelt der Vater noch heute manchmal, wenn er in Gedanken ist.

Für die Heimkehr nach Vorarlberg gingen drei weitere Wochen drauf. Ein mühsamer Hürdenlauf. Der Vater besaß weder Geld noch die für den Übertritt von der sowjetischen in die amerikanische Zone nötigen Papiere. Ein Foto für einen Ausweis wollte er sich nicht machen lassen, weil das Entwickeln vierzehn Tage gedauert hätte. Von Heimweh geplagt, hoffte er auf eine Gelegenheit zum illegalen Grenzübertritt.

Die Betten, die ihm angeboten wurden, lehnte er ab, weil

er wusste, dass er Läuse hatte. Er schlief im Kegelgraben eines Gasthauses und bei Bauern im Heu.

Nach sechs Tagen des Wartens in Urfahr verhalfen ihm einige Vorarlberger zu einem Versteck unter der Bank eines Rotkreuzwagens, so gelangte er über die Donau nach Linz. Von den Amerikanern wurde er entlaust.

Jetzt ließ er sich auch fotografieren, weil es in Linz einen Schnellfotografen gab. So entstand das Foto, das er fast sechzig Jahre lang in seiner Geldtasche trug, bis es vor einigen Jahren verlorenging.

Hinter Innsbruck traf er im Zug die ersten Wolfurter und bat sie um ein Stück Brot. In Lauterach, wo er ausstieg, traf er einen Cousin, der ihn wegen der Magerkeit und der kurzen Haare zunächst nicht erkannte. Der Cousin begleitete ihn nach Hause.

Die Gefühle des Vaters nach der langen Abwesenheit kann ich mir ausmalen, selbst in mir steigt Freude auf, wenn ich, von Wien kommend, hinter dem Arlbergtunnel die Namensschilder an den Bahnhöfen lese, als seien sie Teil eines Gedichts: *Langen, Wald, Dalaas, Braz, Bings, Bludenz.*

Der Vater kam in der zweiten Septemberwoche heim, am 9. September, als das Licht schon wieder gelblich wurde und das dritte Heu eingebracht werden musste, ehe die Birnen- und Apfelernte begann. Und im Oktober saß er wieder auf der Schulbank, als wäre nichts gewesen: ein Abiturientenkurs der Handelsakademie.

Oder war da doch noch etwas?

Was damals niemand wusste: Dieser Neunzehnjährige würde sich der Welt nicht mehr öffnen, damit war es ein für allemal vorbei. Er muss sich im Lazarett geschworen haben, ein Leben lang zu Hause zu bleiben, sollte er jemals wieder dorthin gelangen, eine langsame und lange Heimkehr. Der Plan, Elektrotechnik zu studieren, war jetzt vom Tisch. Fakten ändern Gefühle.

Ich weiß noch, wie oft es in meiner Kindheit Ärger gab, wenn das Thema Urlaub zur Sprache kam und der Vater zum hundertsten Mal sagte, Wolfurt sei ihm schön genug. Damals erschienen solche Sätze als sehr durchsichtige Verkleidungen der Trägheit; und teilweise mag es sich tatsächlich um Ausreden gehandelt haben, aber eben nur teilweise. Erst viel später entwickelte ich ein Verständnis dafür, dass den Weigerungen des Vaters ein Trauma zugrunde lag und dass die Dinge im Herzen kein Ende nehmen und dass das Verhalten des Vaters in der Familie deshalb so aussah, wie es aussah. All die vielen Vorkehrungen, die ihm helfen sollten, sich nie wieder gefährden zu müssen. Solches Heimweh wollte er kein zweites Mal riskieren.

Es ist eine seltsame Ironie, dass er viele Jahre später doch noch in eine Situation kam, in der er fast jeden Tag nach Hause gehen wollte – und das, weil er vergessen hatte, dass er zu Hause war.

Da, schau, Papa, das ist dein Gartenmäuerchen, das du mit deinen eigenen Händen gemacht hast.

Stimmt. Das nehme ich mit.

Du kannst doch das Mäuerchen nicht mitnehmen!

Nichts leichter als das.

Das geht doch nicht, Papa!

Ich werde es dir schon zeigen.

Aber, Papa! Hallo! Hallo! Das geht nicht! Erklär mir lieber, wie du nach Hause gehen willst, wenn du schon zu Hause bist.

Ich verstehe nicht ganz.

Du bist zu Hause und willst nach Hause gehen. Man kann doch nicht nach Hause gehen, wenn man schon zu Hause ist.

Das ist sachlich richtig.

Und?

Das interessiert mich alles bei weitem nicht so sehr wie dich.

Das gemeinschaftliche Versagen am Anfang lag hinter uns, und die unangenehmen Erinnerungen verloren rasch an Schärfe, denn wir gingen jetzt behutsamer mit dem Vater um, außerdem hielt uns der Alltag mit immer neuen Überraschungen auf Trab. Wir schauten damals wenig zurück und viel nach vorn, denn die Krankheit stellte uns vor ständig neue Herausforderungen. Wir waren Neulinge und versuchten die ohnehin unsichere Herrschaft über unser aller Leben aufrechtzuerhalten – auf der Grundlage von fehlendem Wissen und fehlender Kompetenz.

Der Vater ging viel auf Wanderschaft, meistens zu meinem älteren Bruder Peter, der schräg vis-à-vis wohnt und drei Töchter hat. Doch immer öfter gingen die Ausflüge über den gewohnten Radius hinaus, manchmal mitten in der Nacht, nur unzureichend bekleidet, ängstlicher Blick. Zwischendurch war der Vater nicht auffindbar, weil er sich in eines der Kinderzimmer verirrt und dort in ein Bett gelegt hatte, manchmal stöberte er in den Schränken und wunderte sich, wenn ihm Werners Hosen nicht passten. Irgendwann beschrifteten wir seine Tür mit *August* und sperrten die Zimmer daneben zu.

Oft war sein Schädel blutig oder er kam mit aufgeschlagenen Knien zurück, weil er auf dem Weg hinunter zu seinem Elternhaus über den steilen und stellenweise verwachsenen Bühel gestürzt war. Einmal drang er in sein Elternhaus ein und stand plötzlich bei der Schwägerin im ersten Stock und erkundigte sich nach dem Bruder Erich. Noch in meiner Kindheit war der Riegel an der Tür durch ein Loch im Holz, in das man den Zeigefinger führte, leicht zu öffnen gewesen. Der Vater hatte es bestimmt mehrfach probiert, nicht wissend, dass der Mechanismus nicht mehr griff. Die Vergeblichkeit seiner Versuche muss ihn vollends verunsichert haben, so dass er sich entschloss, die Tür aufzubrechen.

Meine Schwester erinnert sich, dass er ständig Telefonate entgegennahm, eine Minute später aber nicht mehr wusste, wer was gewollt hatte. Und natürlich waren es immer *die anderen*, die etwas weggenommen oder geklaut hatten. Darauf angesprochen, wusste er von nichts und reagierte empört, wenn wir ihn mit dem Verschwinden von etwas in Verbindung brachten. Sein Rasierapparat, den wir verzweifelt gesucht hatten, tauchte in der Mikrowelle wieder auf. Bei seinem Haustürschlüssel, den er in regelmäßigen Abständen verlor, endete es damit, dass meine Mutter ihm den Schlüssel nicht mehr nur an die Hose band, sondern ihn dort annähte. Das war ihm dann auch nicht geheuer, und er zerrte daran herum.

Es tauchten fixe Ideen auf. Am hartnäckigsten beschäftigte ihn eine nahe zum Haus stehende Birke, die der Orkan Lothar in deutlicher Schieflage zurückgelassen hatte. Jeden Tag kam dutzende Male die Frage, ob die Birke dem nächsten Sturm standhalten oder aufs Haus fallen werde, der Vater fragte mit dem Hinweis auf den immer weiter ins

Riesenhafte aufschießenden Baum oder mit Blick auf heranziehende Wolken. Ein anderes Thema, das sich beharrlich in seinem Kopf behauptete, war der Zählerkasten, in den er mit manischer Besessenheit hineinschaute. Noch heute habe ich das ständig schnappende Geräusch des Magnetverschlusses beim Öffnen und Schließen im Ohr. Wenn im Winter in der Früh das Haus vor Kälte klirrte, wussten wir, dass der Vater an einem Schalter herumgespielt hatte. Schuld? Natürlich *die anderen*.

Der Dätt, der Strominkassant, sei ebenfalls sehr aufs Stromsparen ausgewesen. Wenn er beim Frühstück hinzugekommen sei und gefunden habe, es sei bereits hell genug, habe er das Licht gelöscht und gesagt:

»Das Maul werdet ihr schon finden.«

So kleine Geschichten.

Bei den Fenstern habe der Dätt streng darauf geachtet, dass die Vorhänge nicht ins Fenster hängen, er habe sie immer ganz zur Seite geschoben, um mehr Licht einzulassen. Er sei sehr sparsam gewesen – die einzige Eigenschaft, die sich bruchlos auf seine Kinder übertragen hat.

Der Vater war jetzt ebenfalls dauernd mit dem Stromverbrauch beschäftigt. Sein Gehirn glich zu dieser Zeit einer Drehorgel, die gleiche Leier jeden Tag.

Doch irgendwann verschwanden die fixen Ideen, es war ein wenig gespensterhaft, und der Vater fing an, *kreativ* zu werden.

Lange hatten wir es mit Vergesslichkeit und dem Verlust von Fähigkeiten zu tun gehabt, jetzt begann die Krankheit, neue Fähigkeiten hervorzubringen. Der Vater, der immer ein ehrlicher Mensch gewesen war, entwickelte ein herausragendes Talent für Ausreden. Er fand schneller eine Ausrede als eine Maus ein Loch. Seine Art zu sprechen veränderte sich und zeigte mit einmal eine spontane Eleganz, die mir an ihm nie aufgefallen war. Schließlich gelangte er auch inhaltlich zu einer Privatlogik, die so frappierend war, dass wir zunächst nicht wussten, sollten wir lachen, staunen oder weinen.

»Was für ein schönes Wetter!«, sagte ich, als wir neben dem Haus standen mit Blick auf den Gebhardsberg und das über der Bregenzer Ache sich dahinschwingende Känzele.

Der Vater schaute sich um, dachte nach über das, was ich gesagt hatte, und erwiderte:

»Von zu Hause konnte ich das Wetter zuverlässig vorhersagen, von hier aus geht das aber nicht. Dadurch, dass ich nicht mehr zu Hause bin, ist mir das unmöglich geworden.«

»Die Situation hier ist doch praktisch dieselbe wie dort unten«, sagte ich überrascht, denn unser Haus steht neben seinem Elternhaus, fünfzig Meter entfernt oben auf dem Bühel.

»Ja, eben, da siehst du, was so ein Unterschied ausmacht!«

Er überlegte einen Augenblick und fügte hinzu:

»Außerdem wirkt es sich ungünstig aus, dass ihr mir ständig ins Wetter pfuscht.«

Am deutlichsten zeigten sich seine neuen Talente unter dem Stress, der entstand, wenn er nach Hause wollte. Es muss um das Jahr 2004 gewesen sein, da erkannte er plötzlich sein eigenes Haus nicht mehr. Das geschah überraschend schnell, schockierend schnell, so dass wir es gar nicht fassen konnten. Lange Zeit weigerten wir uns zu akzeptieren, dass der Vater so etwas Selbstverständliches wie das eigene Haus vergessen hatte.

Eines Tages wollte sich meine Schwester sein Bitten und Drängen nicht länger anhören. Alle fünf Minuten sagte er, dass er zu Hause erwartet werde, das war nicht zum Aushalten. Unserem damaligen Empfinden nach überstiegen seine endlosen Wiederholungen jedes erträgliche Maß.

Helga ging mit ihm hinaus auf die Straße und verkündete:

»Das ist dein Haus!«

»Nein, das ist nicht mein Haus«, erwiderte er.

»Dann sag mir, wo du wohnst.«

Er nannte die korrekte Straße mit Hausnummer.

Triumphierend zeigte Helga auf das Hausnummernschild neben der Eingangstür und fragte:

»Und, was steht hier?«

Er las ihr die zuvor genannte Adresse vor.

Helga fragte:

»Was schließen wir daraus?«

»Dass jemand das Schild gestohlen und hier angeschraubt hat«, erwiderte der Vater trocken – was eine etwas phantastisch anmutende Deutung war, die aber keineswegs jede Schlüssigkeit vermissen ließ.

»Warum sollte jemand unser Hausnummernschild klauen und an sein Haus schrauben?«, fragte Helga empört.

»Das weiß ich auch nicht. Die Leute sind halt so.«

Das stellte er mit Bedauern fest, gleichzeitig zeigte er nicht den geringsten Anflug von Skepsis angesichts der Unwahrscheinlichkeit seiner Argumentation.

Zu einer anderen Gelegenheit antwortete er auf meine Frage, ob er denn seine eigenen Möbel nicht erkenne.

»Doch, jetzt erkenne ich sie!«

»Das will ich auch hoffen«, sagte ich ein wenig von oben herab. Aber da schaute er mich enttäuscht an und erwiderte:

»Du, das ist gar nicht so leicht, wie du denkst. Auch andere Leute haben solche Möbel. Man weiß nie.«

Diese Antwort war so unglaublich logisch und auf ihre Weise überzeugend, dass ich regelrecht verärgert war. Das gibt's einfach nicht! Warum hatten wir diese Diskussion, wenn er in der Lage war, so etwas zu sagen? Von jemandem, der intelligent genug war für solche Nuancen, durfte ich erwarten, dass er sein Haus erkennt.

Aber Fehlanzeige!

In anderen Situationen war er weniger einsichtig und musterte mit argwöhnischer Genauigkeit alle Einzelheiten, bis er die Vermutung aufstellte, man habe die Zimmer so eingerichtet, um ihn hinters Licht zu führen.

Das erinnerte mich an den Thriller *36 Hours* mit James Garner und Eve-Marie Saint, in dem James Garner einen amerikanischen Geheimdienstoffizier spielt, der wichtige Informationen über die Invasion der Alliierten besitzt. Die Nazis locken ihn in eine Falle und setzen ihn unter Drogen. Am Tag darauf, als er aufwacht, wird ihm mitgeteilt, er befinde sich in einem amerikanischen Militärhospital und der Krieg sei seit mehreren Jahren gewonnen, der Offizier habe während dieser Zeit unter Gedächtnisverlust gelitten. Die Täuschung ist perfekt inszeniert bis auf eine kleine Verletzung, die sich der Offizier wenige Tage vor dem Zusammentreffen mit den Nazis zugezogen hat und die – trotz der angeblich vergangenen Jahre – noch immer nicht verheilt ist.

Solche Ungereimtheiten müssen für meinen Vater über Jahre hinweg an der Tagesordnung gewesen sein. Er lebte in ständigem Misstrauen gegen die plausibel klingenden Erklärungen seiner Angehörigen. Ja: »Zu Hause sieht ganz ähnlich aus wie hier – nur ein wenig anders.«

Oft saß er allein im Wohnzimmer und seufzte. Mich erschreckte jedesmal, wie verwundbar er wirkte, wie verlassen. Er hatte sich verändert, sein bedrückter Gesichtsausdruck sprach nicht mehr von der Verzweiflung darüber, vergesslich zu sein, sondern von der tiefen Heimatlosigkeit eines Menschen, dem die ganze Welt fremd geworden war. In Kombination mit der Überzeugung, dass ein simpler Ortswechsel diese Heimatlosigkeit beseitigen werde, entstand eine Pattsituation, aus der sich der Vater oft tagelang nicht befreien konnte.

Wenn er sagte, dass er nach Hause gehe, richtete sich diese Absicht in Wahrheit nicht gegen den Ort, von dem er weg wollte, sondern gegen die Situation, in der er sich fremd und unglücklich fühlte. Gemeint war also nicht der Ort, sondern die Krankheit, und die Krankheit nahm er überallhin mit, auch in sein Elternhaus. Sein Elternhaus war nur einen Katzensprung entfernt, blieb aber trotzdem ein unerreichbarer Ort, und das keineswegs, weil der Vater es mit den Füßen nicht bis dorthin schaffte, sondern weil ein Aufenthalt im Elternhaus nicht einlöste, was sich der Vater davon versprach. Mit der Krankheit nahm er die Unmöglichkeit, sich geborgen zu fühlen, an den Fußsohlen mit. Krank wie er war, konnte er den Einfluss der Krankheit auf seine Wahrnehmung des Ortes nicht durchschauen. Und seine Familie konnte unterdessen täglich beobachten, was Heimweh ist.

Er tat uns unendlich leid. Wir hätten ihm so sehr gegönnt, dass er das Gefühl, zu Hause zu sein, zurückgewinnt. In gewisser Weise hätte das aber bedeutet, dass die Krankheit von ihm ablässt, etwas, was bei einer Krebserkrankung passieren kann, bei Alzheimer nicht.

Eine gewisse Erleichterung trat erst zwei Jahre später ein, als sich die Redewendung von den Zuständen, die zuerst schlechter werden müssen, bevor sie besser werden können, wieder einmal bestätigte.

Und erst Jahre später begriff ich, dass der Wunsch, nach Hause zu gehen, etwas zutiefst Menschliches enthält. Spontan vollzog der Vater, was die Menschheit vollzogen hatte: Als Heilmittel gegen ein erschreckendes, nicht zu enträtselndes Leben hatte er einen Ort bezeichnet, an dem Geborgenheit möglich sein würde, wenn er ihn erreichte. Diesen Ort des Trostes nannte der Vater *Zuhause*, der Gläubige nennt ihn *Himmelreich*.

Wo man zu Hause ist, leben Menschen, die einem vertraut

sind und die in einer verständlichen Sprache sprechen. Was Ovid in der Verbannung geschrieben hat – dass Heimat dort ist, wo man deine Sprache versteht –, galt für den Vater in einem nicht weniger existentiellen Sinn. Weil seine Versuche, Gesprächen zu folgen, immer öfter scheiterten, und auch das Entziffern von Gesichtern immer öfter misslang, fühlte er sich wie im Exil. Die Redenden, selbst seine Geschwister und Kinder, waren ihm fremd, weil das, was sie sagten, Verwirrung stiftete und un-heimlich war. Der sich ihm aufdrängende Schluss, dass *hier* unmöglich Zuhause sein konnte, war einleuchtend. Und völlig logisch auch, dass sich der Vater nach Hause wünschte, überzeugt, dass das Leben dann sein würde wie früher.

»Ich habe mir hier die Hände gewaschen«, sagte der Vater einmal. »War das erlaubt?«
»Ja, das ist dein Haus und dein Waschbecken.«
Er schaute mich erstaunt an, lächelte verlegen und sagte:
»Meine Güte, hoffentlich vergesse ich das nicht wieder!«
Das ist Demenz. Oder besser gesagt: Das ist das Leben – der Stoff, aus dem das Leben gemacht ist.

Alzheimer ist eine Krankheit, die, wie jeder bedeutende Gegenstand, auch Aussagen über anderes als nur über sich selbst macht. Menschliche Eigenschaften und gesellschaftliche Befindlichkeiten spiegeln sich in dieser Krankheit wie in einem Vergrößerungsglas. Für uns alle ist die Welt verwirrend, und wenn man es nüchtern betrachtet, besteht der Unterschied zwischen einem Gesunden und einem

Kranken vor allem im Ausmaß der Fähigkeit, das Verwirrende an der Oberfläche zu kaschieren. Darunter tobt das Chaos.

Auch für einen einigermaßen Gesunden ist die Ordnung im Kopf nur eine Fiktion des Verstandes.

Uns Gesunden öffnet die Alzheimerkrankheit die Augen dafür, wie komplex die Fähigkeiten sind, die es braucht, um den Alltag zu meistern. Gleichzeitig ist Alzheimer ein Sinnbild für den Zustand unserer Gesellschaft. Der Überblick ist verlorengegangen, das verfügbare Wissen nicht mehr überschaubar, pausenlose Neuerungen erzeugen Orientierungsprobleme und Zukunftsängste. Von Alzheimer reden heißt, von der Krankheit des Jahrhunderts reden. Durch Zufall ist das Leben des Vaters symptomatisch für diese Entwicklung. Sein Leben begann in einer Zeit, in der es zahlreiche feste Pfeiler gab (Familie, Religion, Machtstrukturen, Ideologien, Geschlechterrollen, Vaterland), und mündete in die Krankheit, als sich die westliche Gesellschaft bereits in einem *Trümmerfeld solcher Stützen* befand.

Angesichts dieser mir während der Jahre heraufdämmernden Erkenntnis lag es nahe, dass ich mich mit dem Vater mehr und mehr solidarisch fühlte.

Doch damals war ich noch nicht so weit. Ich bin ein langsam denkender Mensch. Ich stellte mich weiterhin ungeschickt an, weil ich nicht aufhören wollte zu glauben, dass ich die Verbindung des Vaters zur Realität durch Hartnäckigkeit wachhalten könne.

Wenn er sagte, seine Mutter warte auf ihn, fragte ich harmlos:

»Wie alt ist deine Mutter?«

»Mhm, ungefähr achtzig.«

»Und wie alt bist du?«

»Also, ich bin 1926 geboren, dann bin ich –«

»Ebenfalls ungefähr achtzig.«

»Mhm – ich weiß schon, ich weiß schon –«

»Deine Mutter ist tot«, sagte ich bedauernd.

Er presste die Lippen aufeinander, nickte mehrmals langsam und erwiderte mit tiefversonnener Miene:

»Ich habe es *fast* befürchtet.«

Auf diese Weise kämpfte ich noch eine Zeitlang für die Aufrechterhaltung des gesunden Menschenverstandes. Doch nachdem ich die Nutzlosigkeit dieser Versuche ausreichend erprobt hatte, gab ich den Kampf verloren, und es zeigte sich wieder, dass auch derjenige gewinnen kann, der aufgibt. Tot oder lebendig? Wen kümmerte es, es machte keinen Unterschied. Indem ich akzeptierte, dass der Vater die Toten ein bisschen lebendig machte und sich selbst dadurch dem Tod ein bisschen näher brachte, gelang es mir, tiefer in sein Leiden einzudringen.

Wir brachen jetzt alle zu einem anderen Leben auf, und sosehr dieses andere Leben meine Geschwister und mich verunsicherte, fassten wir doch eine gewisse Anteilnahme und ein wachsendes Interesse für das Schicksal, mit dem der Vater geschlagen war. Nachdem ich jahrelang auf nichts mehr neugierig gewesen war, was er zwischen Patiencenlegen und Fernsehen getrieben hatte, packte mich das neue Interesse auch deshalb, weil ich spürte, dass ich dabei war, etwas über mich selbst zu erfahren – es war lediglich noch unklar, was.

Der tägliche Umgang mit dem Vater ließ mich nicht mehr nur erschöpft zurück, sondern immer öfter in einem Zustand der Inspiriertheit. Die psychische Belastung war weiterhin enorm, aber ich stellte eine Änderung meiner Gefühle dem Vater gegenüber fest. Seine Persönlichkeit erschien mir wiederhergestellt, es war, als sei er der Alte, nur ein wenig gewandelt. Und auch ich selber veränderte mich. Die Krankheit machte etwas mit uns allen.

Wo bist du am liebsten, Papa?

Das ist schwer zu sagen. Ich bin halt doch am liebsten auf der Straße.

Was tust du auf der Straße?

Spazieren. Ein bisschen laufen. Aber ich bin nicht gut besattelt. Meine Schuhe haben nicht die richtige Übersetzung.

Also, es gefällt dir am besten auf der Straße, obwohl du dort nur langsam vorwärtskommst?

Ja. Weißt du, hier herinnen …

Gefällt es dir hier herinnen nicht?

Was soll ich hier tun? Ich weiß, die Straße ist nicht immer das Richtige, aber doch das Angenehmste, wenn sie trocken ist. Dort kann ich mich ein wenig umschauen, das tut keinem weh.

Die Krankheit schritt voran, sehr langsam, aber deswegen nicht weniger unaufhaltsam. Der Vater war jetzt nicht mehr in der Lage, den Alltag ohne Gefahren für sich selbst zu bewältigen. Ohne die Fürsorge anderer wäre er verloren gewesen.

Seine Frau und seine Kinder waren aus dem Haus im Oberfeld ausgezogen, deshalb bekam er *Essen auf Rädern*. Bald darauf erforderte der Verlust weiterer Fähigkeiten eine stundenweise Betreuung durch den Mobilen Hilfsdienst. Konkret hieß das, dass am Morgen jemand kam, der ihm in den Tag half, und abends jemand, der ihn ins Bett brachte. Ein Segen war, dass er gerne und viel schlief, wobei nicht klar war, ob er zwölf Stunden in tiefem Schlummer lag oder einfach nur im Bett blieb, weil es ihn freute, dass er es warm hatte – dieser ehemalige Bauernbub, in dessen Kindheit das Schlafzimmer winters so kalt gewesen war, dass das Kondenswasser an den Wänden heruntergelaufen war. Wenn die Frauen vom Mobilen Hilfsdienst, von der Hauskrankenpflege oder Ursula, die Frau von Peter, morgens gegen neun in sein Schlafzimmer traten, war er meistens noch fest in seine Decke eingerollt, obwohl die Lichter gegen neun am Abend gelöscht worden waren. Und schon damals zeigte sich, dass er sich nur ungern von kleinen Frauen mit zaghaften Stimmen Anweisungen geben ließ.

Tagsüber stand der Vater fast ununterbrochen bei Peter und Ursula im Garten und wartete auf Gesellschaft, wenn möglich durch die Enkeltöchter. Auf Dauer war das keine Lösung, weil der Vater kein Gefühl mehr für die Häufigkeit und Dauer seiner Besuche besaß. Deshalb schauten wir uns nach einer stundenweisen Nachmittagsbetreuung um. Liliane, eine Nachbarin, bei der wir ihn in guten Händen wussten, spielte mit ihm *Mensch ärgere dich nicht*, ging mit ihm spazieren und nahm ihn mit auf Ausflüge. Ein oder zwei Tage pro Woche verbrachte er in der Tagesbetreuung im Altersheim, wohin ihn meistens Ursula brachte. Das war eine gute Zeit, für alle ein zufriedenstellendes Arrangement.

Helga übernahm die Wochenenden, und Werner schaute auf das Haus und den Garten. Die Mutter und ich kamen zwischendurch aus Wien für einige Tage oder Wochen, wir schliefen im Haus und kümmerten uns um alles, so dass sich die anderen während dieser Zeiten zurückziehen konnten. Jeder ging auf seine Art mit der neuen Situation um, ohne verzweifeln zu müssen, jeder entsprechend seiner Stärken und Kapazitäten – wir alle hatten weiß Gott auch anderes zu tun und hätten uns unser Leben immer wieder etwas einfacher gewünscht. Trotz der Arbeitsteilung war es von Anfang an eine kräftezehrende Aufgabe.

Immerhin verstärkte sich das Zusammengehörigkeitsgefühl innerhalb der Familie. Die Krankheit des Vaters hielt den Familienzerfall auf. Wir Geschwister saßen jetzt wieder alle im selben Boot, wenn auch naturgemäß jeder an einer anderen Stelle.

In diese Zeit fällt, dass ich als Autor erfolgreich wurde, sehr plötzlich, es war, als wäre der Erfolg durch den Schornstein gerasselt. Ich war bis dahin ein Autor gewesen, der gelobt wird, aber nicht gelesen. Jetzt bekam ich viel Aufmerksamkeit und Einladungen in die ganze Welt, was einige Vorteile, aber auch den Nachteil hatte, dass ich in diesem Lebensbereich Zeit aufbringen musste, wo vordem keine Zeit erforderlich gewesen war. Ich hatte mir das Erfolgreichsein nicht so zeitraubend vorgestellt, fand aber, dass jetzt der falsche Moment zum Blaumachen war. *Man muss heuen, wenn das Wetter schön ist*, hätte mein Vater vielleicht gesagt. – Aber diese Dinge erreichten ihn bereits nicht mehr. Erfolg? Misserfolg? Wen interessiert es.

Als ich dem Vater nach Abschluss des Studiums gesagt hatte, dass ich Schriftsteller werden wolle, hatte er mich angeschaut, gegrinst und gesagt:

»Der Finger in der Nase dichtet auch.«

Ich erinnere mich deutlich, wo wir in diesem Moment standen, in der Werkstatt des Vaters vor dem Regal mit den Farben und Lacken. Der Vater besaß die Fähigkeit, solche Dinge auf eine Art zu sagen, dass ich ihm nicht wirklich böse sein konnte. Augenzwinkernd hatte er mir mitgeteilt, ich solle machen, was ich wolle, seinen Segen hätte ich – aber für ihn wäre das nichts.

Im Frühling 2006 war ich fast ununterbrochen auf Lesereise. Sooft ich glaubte, es vor meiner Lebensgefährtin verantworten zu können, verbrachte ich die Wochenenden in Wolfurt, es drehte mich ganz schön herum. Oft fühlte ich mich wie zerrissen zwischen Liebesbeziehung,

Familie und Beruf, manchmal empfand ich das eine als lästig, manchmal das andere. Weder war ich eine solche nomadenhafte Lebensweise gewöhnt noch konsequentes Zeit-Management, und das Übernehmen von Verantwortung hätte ich ebenfalls nicht zu meinen Stärken gezählt, ich hatte mich immer für einen verspielten Menschen gehalten, der den freien Weg über die Dächer nicht aufgibt. Was soll's. *Immer wieder bringen wir unser Leben in eine Form, immer wieder zerbricht das Leben die Form.*

Endlich, Anfang des Sommers 2006, hatte ich die meisten beruflichen Verpflichtungen hinter mich gebracht. Ich baute mein Fahrrad auseinander und lud es gemeinsam mit meinem Gepäck in den Wagen der Mutter. Über München fuhr ich nach Wolfurt, wo ich nach knapp sechs Stunden mit leichten Kopfschmerzen eintraf. Das war am Tag vor dem achtzigsten Geburtstag des Vaters.

Ich schlüpfte in Arbeitskleidung, deren Geruch erkennen ließ, dass sie zu lange in einer unbewohnten Wohnung herumgelegen war, sprang zum Fenster hinaus und pflückte am Bühel unter dem Haus Walderdbeeren und Himbeeren. Ich nahm Kirschen ab und richtete mich anschließend in meinen Räumlichkeiten ein. Als ich den Vater am frühen Abend traf, sagte er:

»Ah, da kommst du also und schaust, ob ich noch lebe.«

Er war ein äußerlich immer noch ganz solider Mann. Wenn man ihn auf der Straße traf, kam man zunächst nicht auf die Idee, dass etwas mit ihm nicht stimmte. Er strahlte unterschiedslos jeden Menschen an und lavierte sich mit kleinen Scherzen durch kurze Wortwechsel, so dass die Leute behaupteten, er erkenne sie *immer*, er sei derselbe Schelm wie eh und je. Erst wenn das Gespräch auf einen Gegenstand kam, der etwas mehr Zusammenhang und Übersicht verlangte, offenbarten sich seine Schwächen.

Jetzt saß er auf der Mauer vor dem Haus, über die er zuvor sein Stofftaschentuch gebreitet hatte, und blickte in die friedliche Straße hinein. Geduldig wartete er, dass etwas passierte. Was? Seine Ansprüche waren bescheiden. Wenn ein Auto vorbeifuhr, winkte er. Wenn eine Frau auf dem Fahrrad vorbeiradelte, sagt er:

»Guten Tag, schöne Frau.«

Alles absolut unverdächtig.

Die Glocken der nahe stehenden Dorfkirche schlugen die Stunde. Meine Mutter trat hinzu, sie sah, dass der Vater einige Grissini in der linken Hosentasche hatte, und sagte, das sei nicht sehr klug, weil er dann die Hosentaschen voller Brösel habe. Er meinte:

»Die brauche ich zum Rasieren.«

»Damit kannst du dich doch nicht rasieren, August.«

Er dachte kurz nach und sagte:

»Ich stecke sie nachher im Garten in die Erde, dann werden sie austreiben und etwas Schönes wird wachsen.«

Das war schon eher verdächtig.

Er stand auf, und nachdem er mit Ernst und Würde sein Taschentuch aufgenommen und zusammengefaltet hatte, ging er hinters Haus auf die Terrasse. Ich folgte ihm. Wir schwiegen und schauten Richtung Westen zum Bodensee, wo sich der Sonnenuntergang hinzog, als wolle der Tag nicht enden. Oben am Berg über der Gebhardskirche standen leichte Wolken, ringsum war der Himmel blau. Wir hörten das leise Rascheln der Luft in den Birkenblättern und das ferne Rauschen von der A14, der Rheintalautobahn.

Der Obstgarten hinter dem Elternhaus des Vaters, auf den wir hinunterblickten, war voll von üppigem Grün, dort standen die Obstbäume und das Bienenhaus fast unverändert seit unser beider Kindheit.

»Morgen wirst du achtzig«, sagte ich zu ihm.

»Ich?«, fragte er.

»Ja, du. Du wirst achtzig, Papa.«

»Ich bestimmt nicht«, sagte er in lachender Empörung. Er schaute mich an: »Aber du vielleicht.«

»Ich werde achtunddreißig, Papa, aber du wirst morgen achtzig.«

»Ich bestimmt nicht«, wiederholte er belustigt. »Aber du vielleicht.«

So ging es eine Weile hin und her, bis ich ihn fragte, wie es sich anfühle, achtzig zu sein. Da sagte er:

»Du, ich kann nicht behaupten, dass es etwas Besonderes wäre.«

Zwei Stunden später, nachdem ich nochmals Himbeeren abgenommen hatte, legte ich ihn schlafen und ließ dann ebenfalls die Ruder sinken, ich fiel halb ohnmächtig ins Bett, so erschöpft war ich von den Vortagen und der langen Autofahrt.

In der Früh gratulierte ich dem Vater zu seinem Jubiläum. Er nahm die Gratulation bereitwillig entgegen und be-

dankte sich. Als er in Unterhosen auf der Bettkante saß
und ich zu ihm sagte, dass sein Vater in diesem Alter schon
nicht mehr gelebt habe, schaute er mich erstaunt an und
lächelte anschließend schwach. Mir war aber nicht klar,
was das Lächeln bedeutete. Als ich zu ihm sagte, dass wir
ihn im Pfarrheim feiern werden, wollte er zunächst wissen, in welchem Pfarrheim.

»Im Wolfurter Pfarrheim«, sagte ich.

Da meinte er:

»Ich bin immer gerne in Wolfurt gewesen und stehe mit
allen, die ich hier kenne, auf gutem Fuß.«

Der Tag verlief sehr ruhig, es war ein Dienstag, die Geburtstagsfeier war auf Freitag angesetzt. Ich erinnere mich,
dass die Mutter einen Obstkuchen gebacken hatte und
dass eine Nachbarin ein Billett vorbeibrachte und sagte,
die Oberfeldgasse wäre nicht halb so schön ohne Augusts
Lächeln. Das freute mich, weil mir die weitgehende Un-
versehrtheit seines Charakters damals nicht bewusst war.
Damals glaubte ich, die Krankheit habe seine Persönlichkeit schon stark angegriffen.

Am Abend kamen Helga und Werner. Wir aßen Kuchen
und tranken Wein. Werner und ich schauten uns ein Halb-
finale der Fußball-WM an. Auch der Vater saß bei uns,
aber das Spiel – zwischen Deutschland und Italien – ver-
mochte ihn nicht zu beeindrucken, zu sehr lebte es von
der taktischen Spannung und zu wenig von offensicht-
lichen Höhepunkten. Wiederholt fragte der Vater:

»Wer spielt da überhaupt? Wolfurt gegen?«

»Kennelbach«, sagte ich mehrmals.

Der Vater nickte, als hätte er auch selber darauf kommen können, und sagte verdrossen:

»So spielen die auch!«

Als Fabio Grosso das 1:0 schoss, sagte der Vater:

»Moment einmal, das ist aber kein Wolfurter.«

Werner und ich lachten uns krumm. Und tatsächlich waren diese Momente für uns die Höhepunkte des Spiels. Das Spiel selber hätten wir längst vergessen.

Sein fünfzigster Geburtstag ist mir ebenfalls gut in Erinnerung. Damals war ich acht. Werner und ich teilten uns ein Zimmer, und von einem der Fenster aus schauten wir aufgeregt den Gästen auf der Terrasse beim Feiern zu. Es war zugleich der Tag, an dem der Vater nach fast dreißig Jahren mit dem Rauchen aufgehört hatte.

Über Bregenz stiegen Feuerwerkskörper hoch, denn der 4. Juli 1976 war zugleich der 200. Jahrestag der amerikanischen Unabhängigkeit. Einige in der Gegend wohnende Amerikaner sorgten mit ihren Raketen für zusätzlichen Glanz, der in unseren Kinderaugen auf den Vater fiel.

Seine jungen Kollegen hechteten durch das Fenster ins Schwimmbad hinein.

Bei der Geburtstagsfeier zu seinem Achtzigsten wünschte er jedem in der langen Reihe der Gratulanten »Alles Gute, Glück und Gesundheit«, dabei ergriff er mit seinen beiden Händen die ihm gereichten Hände. Er machte einen wachen Eindruck, genoss die Szene sichtlich und wirkte nicht wie ein auf das bloße Pflichtteil des Glücks gesetzter Mensch. Den Bürgermeister, den der Vater in seinem letzten Jahr als Amtsleiter in die Geschäfte eingeführt hatte, forderte er auf, nicht so viel zu reden und lieber etwas zu singen. Das brachte ihm einige Lacher ein.

Meine Geschwister hatten eine kleine Powerpoint-Präsentation vorbereitet mit Schnappschüssen aus einem langen Leben. Ich saß am Tisch mit mehreren Geschwistern des Vaters, so dass ich nicht mitbekam, welchen Eindruck die Bilder auf ihn machten. Die Ahs und Ohs und das Lachen der Gäste sollen ihn mitgerissen haben. Nur als sein Großvater, der Schmied, in einem großen Lederschurz und mit einem schweren Hammer über der Schulter gezeigt wurde, sei er auf seine Schwächen zu reden gekommen in der gewohnten Manier:

»Ich bin zu nichts mehr zu gebrauchen – Herrschaft noch einmal – egal – es ist nicht weltbewegend.«

Familienfotos aus den frühen fünfziger Jahren strahlten von der weißen Wand herunter, Adolf und Theresia Geiger, umringt von den neun damals noch zu Hause wohnenden Kindern, kurz bevor Emma, eine der drei Töchter, an einem Blinddarmdurchbruch starb. Es war erstaunlich, wie alt die Großeltern schon damals ausgesehen hatten, optisch bereits an der Schwelle zum Greisentum, obwohl meine Großmutter noch weitere vierzig Jahre leben sollte, äußerlich fast unverändert, eine kleine, abgearbeitete Frau mit grauen Haaren und tiefen Gesichtsfurchen.

Bis auf einen der Söhne waren alle Überlebenden dieser Familie versammelt, Menschen aus einer vergangenen Epoche, Bauernkinder, die ihren Schulgriffel an der Schwelle im Keller gespitzt hatten, weil die Schwelle aus Sandstein gewesen war und sich der Griffel dort besonders gut hatte wetzen lassen – die Vertreter dieser sonderbaren Sippe, absurd erfinderisch und absurd lebenstüchtig mit ihren mehr praktischen als visionären Phantasien. – Es fehlte nur Josef, der einzige, der sich dem familiären Magnetismus entzogen und sich in die Welt hinaus getraut hatte. Er war Ende der fünfziger Jahre in die USA emigriert und hatte dort seinen amerikanischen Traum verwirklicht durch die Erfindung eines elektrischen Dosenöffners.

Ich fragte seine Geschwister, ob zufällig jemand eine Kopie des Fotos besitze, das meinen Vater bald nach der Entlassung aus der Kriegsgefangenschaft zeigt. Jeder wusste sofort, welches Foto ich meinte, gleichzeitig schüttelten sie die grau gewordenen Köpfe. Mile, die den Achtziger schon hinter sich hatte, meinte, das seien andere Zeiten gewesen, damals habe man nicht von jedem Foto so viele Kopien machen können, wie man wollte.

Paul erzählte von seiner eigenen Heimkehr aus dem Krieg und dass sich ihm ein verheerendes Bild geboten habe, weil kurz zuvor ein Gewittersturm über die Obstgärten hinweggegangen sei, stellenweise seien die Bäume kreuz und quer in den Feldern gelegen, die meisten arbeitsfähigen Männer kriegsbedingt abwesend, alles Kraut und Rüben, die Frauen mit der Arbeit im Stall und im Haushalt völlig ausgelastet. Robert, zu Kriegsende neun Jahre alt, sagte, er habe gerade auf dem Feld gearbeitet, als das Wetter unglaublich schnell heraufgezogen sei, er habe sich an einen Baum geklammert, und es habe ihm heftig an die Beine gehagelt. Das Heufuder, das die Geschwister rasch nach Hause bringen wollten, sei im Bereich der Kalkhütte beinahe umgefallen. Und weil das Obst vom Hagel zusammengeschlagen worden war, hätten manche Bäume im Herbst zu blühen begonnen.

Mein Vater hatte all dies vergessen, und es schmerzte ihn nicht mehr. Er hatte seine Erinnerungen in Charakter umgemünzt, und der Charakter war ihm geblieben. Die Erfahrungen, die ihn geprägt hatten, taten weiterhin ihre Wirkung.

In diesem Jahr verbrachte ich, wie in all den Sommern davor, mehrere Wochen im Elternhaus. Es war spürbar, wie sehr die seit meiner Jugend gewachsene Distanz zwischen dem Vater und mir wieder kleiner wurde, und auch der von der Krankheit aufgezwungene Kontaktverlust, den ich seit längerer Zeit befürchtet hatte, trat nicht ein. Statt dessen freundeten wir uns nochmals an mit einer Unbefangenheit, die wir der Krankheit und dem Vergessen zu verdanken hatten; hier war mir das Vergessen willkommen. Alle Konflikte, die wir gehabt hatten, blieben zurück. Ich dachte mir, solche Gelegenheit kommt nicht wieder.

Auch Katharina, meine Lebensgefährtin, die damals in Innsbruck lebte, verbrachte einige Tage in Wolfurt. Eines Tages überredeten wir den Vater zu einem Spaziergang, er begleitete uns nur widerwillig und wollte ständig umkehren, obwohl wir über das Oberfeld nicht hinauskamen.

Mein Vater ging mir ein wenig auf die Nerven, denn es war ein schöner Abend, ich wäre gerne mit ihm hinunter an den Fluss gegangen.

Als wir wieder in die Oberfeldgasse einbogen und sich der Blick hinunter aufs Dorf auftat, konnte ich dem Vater die Erleichterung ansehen, er freute sich und lobte die Aussicht.

»Bist du schon öfters hierher zum Spazieren gekommen?«, fragte er mich. »Manche Leute kommen nur hierher, um die Aussicht zu genießen.«

Mir kam das seltsam vor, und ich sagte:

»Ich komme nicht wegen der Aussicht hierher, ich bin hier aufgewachsen.«

Das schien ihn zu überraschen, er zog eine Grimasse und meinte:

»Ach, so. –«

Da fragte ich ihn:

»Papa, weißt du überhaupt, wer ich bin?«

Die Frage machte ihn verlegen, er wandte sich zu Katharina und sagte scherzend mit einer Handbewegung in meine Richtung:

»Als ob das so interessant wäre.«

Papa, was war die glücklichste Zeit in deinem Leben?

Als die Kinder klein waren.

Du und deine Geschwister?

Nein, meine Kinder.

Die Entwertung der religiösen und bürgerlichen Konventionen durch den Nationalsozialismus führte nach dem Krieg indirekt zu einer überzogenen Aufwertung dieser Konventionen. Paul sagt, nach dem Krieg hätten sie es gesellschaftlich mit einer Mondlandschaft zu tun bekommen, Frömmigkeit, Biederkeit und Anstand und nichts als Arbeit. Für junge Menschen sei die Situation verheerend gewesen.

Mein Vater mit seinen überschaubaren Wünschen dürfte die Situation als nicht ganz so beklemmend empfunden haben, für ihn galt ganz besonders, dass wir mehr danach streben, Schmerz zu vermeiden, als Freude zu gewinnen. Wieder in Wolfurt, konnte er seine Vorstellung von einem richtigen Leben verwirklichen und gleichzeitig ein Gefühl von Sicherheit und Stabilität zurückgewinnen. Für Überraschungen war er nicht mehr zu haben, also auch nicht für Chancen. Denn um sich den Chancen, die von der Welt geboten werden, auszusetzen, braucht man Vertrauen, und das Vertrauen, sollte der Vater vor dem Krieg welches gehabt haben, war ihm vergangen. *Erfahrung bildet Narbengewebe.*

Sein Bedürfnis, ein ruhiges und unangefochtenes Leben zu führen, lotste ihn in die Geborgenheit einer beamteten Existenz und in die Obhut verschiedener dörflicher Vereine. Er war Gründungsmitglied des Fußballvereins, in dem er als rechter Außenläufer spielte. Er leitete die Theatergruppe und inszenierte Nestroys *Lumpazivagabundus*. Er sang im Kirchenchor, wo die Frauen in der Überzahl waren. Doch Frauen stellten sich ihm als eher exotische Phänomene dar, an denen er kein Interesse zeigte. Für das nächste Jahrzehnt weiß niemand etwas von Schürzen in seinem Leben, außer der Schürze seiner Mutter.

Vielleicht hatte er nicht das Bedürfnis, seine Männlichkeit unter Beweis zu stellen, vielleicht legte er wert auf seine Unabhängigkeit. Das Gewähren eines Kusses bedeutete für ein Mädchen damals etwas anderes als heute.

Nach einigen Jahren im Amt der Vorarlberger Landesregierung, wo er die Sachbearbeiterstelle der Benzinbewirtschaftung innehatte, wurde er 1952 Gemeindeschreiber in Wolfurt. *Schreiber* war wörtlich zu verstehen, da es im Gemeindeamt bis Mitte der sechziger Jahre keine Sekretärin gab. Das Büro des Vaters befand sich im Erdgeschoss der Dorfschule, in einer ehemaligen Schulklasse, ein riesiger Raum, viel zu groß, uralte Möbel, ohne Vorhänge. Dort saß er sommers in Lederhosen und barfuß in Sandalen, die er *Kneiper* nannte, mit zwei auf die Tasten niedersausenden Fingern tippte er auf der Schreibmaschine, und das Geräusch der Anschläge hallte in dem großen, leeren Schulraum. Wenn er bei offenem Fenster amtierte, war das Tippen bis hinaus auf die Straße zu hören. Dann hieß es:

»August klappert.«

Es habe eine aus dem Burgenland nach Vorarlberg gekommene Lehrerin gegeben, die *Terusch* gerufen wurde. Sie hätte ihm gefallen. Aber der Dätt habe sich aus irgendeinem nichtigen Grund gegen Terusch gestellt, und mein Vater habe sich gefügt. – Die Geschichte ist schlecht belegt, keine sehr runde Geschichte, die Geschwister des Vaters wissen nichts davon, und ihn selber kann ich nicht fragen. Ich erwähne es also, ohne darauf zu bestehen.

Fest steht, dass der Vater zu dieser Zeit, Ende der fünfziger Jahre, auf dem Bühel über dem elterlichen Obstgarten ein Haus zu bauen begann. Den Bauplatz hatte ihm der Dätt bereitwillig überlassen, »weil dort oben kein Gras wächst«. Von da an verbrachte der Vater seine Freizeit auf der Baustelle, unweit der Kirche, wo ständig die bleiernen Vibrationsringe der Glockenschläge durch die Luft gingen.

In seinem Buch *Die Herrschaft des Todes* schreibt Robert Harrison, dass es in der abendländischen Philosophie eine alte Denktradition gebe, der zufolge eine Kenntnis von Dingen die Voraussetzung für ein Machen darstellt, wer also ein Haus bauen wolle, müsse wissen, was ein Haus ist, bevor er eines hinstelle. – Mein Vater wusste es *so ungefähr*, in Grundzügen, er plante alles selber, goss die Hohlziegel selber, machte die Elektroinstallationen selber und verputzte selber. Er habe gerne verputzt, sagte er. In solchen Dingen war er *zu Hause*.

Solide stand der Neubau über dem Obstgarten, in der Noblesse des frisch Gemachten und frisch Geweißelten. Links die Schweizer Berge, halblinks das Appenzell, vorne das Dorf und Bregenz, rechts der Gebhardsberg und das schroff aufragende Känzele. Der Ausblick gab diesem

Ort etwas Besonderes, etwas wie eine Aura. Viele Jahre später sollte mir der Vater auf die Frage, warum das Haus stehe, wie es stehe, zur Antwort geben, er habe es nicht nach der Sonne ausgerichtet, sondern nach dem Gebhardsberg.

Im Jahr 1963, im Alter von siebenunddreißig Jahren, heiratete er doch. Er trat vor den Traualtar mit einer jungen Lehrerin aus St. Pölten, die – nach seinen Maßstäben – kein Zuhause gehabt hatte. Ihr Vater, Heizer bei der Eisenbahn, im Krieg gefallen, das Kind nach dem Krieg in ärmlichen Verhältnissen aufgewachsen, die Mutter Erzieherin in einem Kinderheim in Ybbs, da und dort Schneiderarbeiten, die Tochter, nachdem die Mutter wieder geheiratet hatte, zum Großvater nach Vorarlberg geschickt, wo sie eine Ausbildung zur Lehrerin machte. Ihre erste Stelle: Volksschule Wolfurt, Altes Schulhaus.

Meine Mutter war aus der Provinz in die tiefe Provinz gekommen, und dort, in den Tiefen derselben, machte sie nach eigenem Bekunden einen Fehler.

Was der Verstand beim Eingehen der Ehe zu wenig leistet, muss er während der Ehe gewöhnlich mit Wucherzinsen nachzahlen.

Von solch praktischer Ehewissenschaft waren meine Eltern weit entfernt. Da sie es zu Hause nicht vorgelebt bekommen hatten, gründeten ihre Vorstellungen von Partnerschaft vor allem auf Ahnungslosigkeit – und auf dem weit verbreiteten Übersehen des kleinen Nebenumstandes, dass einer den anderen nicht ändern kann. Charakter ist die härtere Währung als guter Wille.

Bezogen darauf, wie gut sie zusammenpassten, hatten sich die beiden grandios vergriffen, und es fällt mir dazu nichts Besseres ein als das, was Leo Tolstoi in *Anna Karenina* schreibt: jungen Leuten die Wahl des Ehepartners zu überlassen sei ungefähr so einsichtig, wie wenn man behaupte, geladene Pistolen seien ein geeignetes Spielzeug für fünfjährige Kinder. Das sagt die alte Fürstin.

Meinen Eltern war vor der Hochzeit nicht in den Sinn gekommen, darüber nachzudenken, was passiert, wenn zwei unterschiedliche Vorstellungen von Glück aufeinandertreffen. Die Zutaten für mögliches Glück brachten beide mit. Bei näherer Betrachtung zeigte sich jedoch, dass die Zutaten zu verschiedenen Arten von Glück gehörten, zu entgegengesetzten. Schließlich war jeder für sich unglücklich.

Beide konnten den Erwartungen des anderen nicht entsprechen, selbst die Art und Weise, sich mitzuteilen, war grundverschieden. Es gab einen unüberwindbaren kulturellen Bruch zwischen den Jahrgängen und Herkunftswelten, mein Vater aus einer bäuerlichen Großfamilie, meine Mutter aus einer proletarischen Rumpffamilie, er sozialisiert in der Vorkriegszeit, sie in der Nachkriegszeit, er gezeichnet von Krieg und Gefangenschaft, sie von Armut und Heimatfilmromantik, unterschiedliche Erwartungen, unterschiedliche Werte, unterschiedliche Empfindungswelten, er mit seiner Vorliebe für das Einfache und Karge, sie mit ihrer Vorliebe für das Sinnliche und Warme, er mit seiner Vorliebe für Geselligkeit, sie mit ihrer Vorliebe für Bildung. – Beispiele seiner Untauglichkeit für das kulturelle Leben musste der Vater immer wieder geben. Am nächsten Tag hieß es dann:

»August ist im 1. Akt eingeschlafen.«

Es war die perfekte Dissonanz der Lebensträume, bis auf den Wunsch, zu heiraten und Kinder zu kriegen. Ansonsten gestaltete sich das Zusammenleben Tag für Tag, als würden auf dem Turm zu Babel zwei Menschen verzweifelt aufeinander einreden und jeder in seiner eigenen Sprache sagen: Du verstehst mich nicht!

Als ich meinen Vater fragte, warum er meine Mutter geheiratet habe, sagte er, dass er sie sehr gemocht habe und ihr ein Zuhause habe geben wollen. Auch hier sein großes Thema: Zuhause, Sicherheit, Geborgenheit. In seinen Augen hatten diese Dinge außerordentlichen Wert. Verliebtsein ist schön, mag er sich gedacht haben, aber noch schöner ist es, zu wissen, wo man hingehört.

Meine Mutter indes suchte nicht Sicherheit und Geborgenheit, sondern Anregung. Sie war offen für die Welt und begierig nach *Neuem*. Eine Hochzeitsreise kam nicht in Frage, weil sie kein Geld hatten. Doch als mein Vater es ablehnte, einen als Hochzeitsreise deklarierten Spaziergang zu machen, war meine Mutter wie vor den Kopf gestoßen. Für den Vater musste die Erde nur deshalb groß und schön sein, damit nicht alle in Wolfurt herumrannten.

»Nicht einmal einen Spaziergang in den Wald!«, empörte sich die Mutter später oft. Und tatsächlich war diese Weigerung kein Ruhmesblatt. Der Vater wollte nicht für einen einzigen Tag in seinen Gewohnheiten gestört werden, alles, was den Alltagstrott unterbrach, war bei ihm negativ besetzt, selbst ein kleiner Ausflug am Samstag nach der Hochzeit.

Der Lebensplan: keine gewundenen, sondern gerade Linien.

Über eine Ehe zu schreiben, die gescheitert ist, mutet an, als kehre man kalte Asche zusammen. Für einige Zeit muss es den beiden gelungen sein, sich durch Kompromisse so etwas wie Seelenfrieden zu erkaufen. Sie lagen sich nicht in den Haaren, und mit der Geburt der Kinder kam es trotz aller Spannungen zu einem gewissen Gleichgewicht in der Beziehung. Meine Mutter sei mit den kurz hintereinander geborenen Kindern sehr glücklich gewesen, und auch die Versuche meines Vaters, ein guter Ehemann zu sein, liefen letztlich auf das Bemühen hinaus, in der Vaterrolle eine gute Figur zu machen; mit Erfolg. Das Glück mit den Kindern war etwas, das die Eltern teilen konnten. Aber als Liebesbeziehung war die Ehe ein hoffnungsloser Fall. Die so unterschiedlich gearteten Gefühle spielten den beiden einen Streich um den anderen, und es sieht so aus, als seien sie in ihren Haltungen nach und nach immer starrer geworden. Wenn man so komplett verschieden denkt, sieht man wohl irgendwann ein, dass es keinen Sinn hat zu diskutieren und Konzessionen zu machen.

Zunächst verlief das Leben in dem großen Haus auf dem Bühel in einigermaßen normalen Bahnen; wir gingen als normale Familie durch. Viele Stunden am Tag wurde musiziert, nach dem Mittagessen spielten die Kinder, die schon Karten halten konnten, mit den Eltern eine halbe Stunde Canasta. Noch vor dem Mittagessen liefen die Kinder zum Kirchplatz hinunter, um dort den für zwei Stunden vom Büro nach Hause kommenden Vater zu erwarten. Dann schien das ganze Dorf mild und freundlich, Essensgeruch zog durch die Gärten und Straßen, weil in fast allen Häusern um Schlag zwölf gegessen wurde. Der Vater setzte eines der Kinder auf den Gepäckträger, eines auf die Stange, allfällige weitere Kinder liefen neben dem Fahrrad her. Am Samstagnachmittag nahm er die Kinder mit auf den Fußballplatz. Sonntagsausflüge wurden gemacht. Toni, ein Bub aus dem Waisenhaus in Bregenz, verbrachte alle Ferien bei uns. Es gab einen vom Vater betreuten Gemüsegarten, einen von ihm betreuten Erdbeergarten, er machte Melissensirup und Holdersaft. Und als die Mutter sagte, es sei unmöglich, beim Baden am See auf vier Kinder gleichzeitig aufzupassen, beim nächsten Mal müsse der Vater mitgehen, baute er ein Schwimmbad.

Zuallererst habe er den verwegenen Plan verfolgt, das Schwimmbad auf das Dach der Garage zu setzen und es mittels einer Hängebrücke mit dem Balkon zu verbinden; an solchen Ideen mangelte es nie.

Trotz des Altersunterschieds spielte sich der Vater nie als Herr und Haushaltsvorstand auf, er war froh, wenn er nicht gefragt wurde. Es gab an ihm nichts *Strenges*. Nur im Haushalt half er nicht mit, obwohl seine Frau bald wieder zu arbeiten anfing. Er war fest überzeugt, dass es Männerarbeit und Frauenarbeit gibt, von Gottes und Rechts wegen. Aufräumen war Frauensache außer im Garten, Hämmern war Männersache außer beim Schnitzelklopfen.

Das Haus war eine endlose Baustelle aufgrund diverser Um- und Zubauten. Der Vater hörte nicht auf, über mögliche Verbesserungen im Haus und im Garten nachzudenken; diesbezüglich konnte man alles von ihm haben. Brauchte man ein Zimmer mehr? Würde eigentlich nicht schaden. – So entstand Wohnraum und gleichzeitig Fläche zum Verputzen.

Getrieben von ihrer Sehnsucht nach *der Welt*, begann die Mutter, im Sommer Zimmer zu vermieten, mit Vorliebe an deutsche und niederländische Urlauber, die sich strategisch klug zwischen Bodensee und Bregenzerwald einquartierten. Nachdem der Vater den Dachboden ausgebaut hatte, kamen ganzjährige Untermieter dazu, Lehrerkolleginnen der Mutter und junge Menschen, die keine großen Ansprüche stellten.

1977 bekam die Mutter dann *die Welt*. Wir hatten einen Untermieter aus Deutschland namens Pech, der Name passte, er hatte dunkle Haare und trug gern Schwarz. Was genau er beruflich machte, wusste niemand, aber er war herzlich und nett, wir Kinder aßen ihm seine Ovomaltine weg. Wenn wir zur Ministrantenstunde alte Illustrierte mitbringen sollten, kamen die anderen mit der Fernsehzeitung und der *Stadt Gottes*, ich brachte *Stern* und *Spiegel*, die der Untermieter regelmäßig zum Altpapier unter die Treppe warf – ich wurde wieder nach Hause geschickt *mit dem Zeug*. Eines Abends kam Pech vom Dachboden herunter, sagte, er müsse ausziehen, habe kein Geld für die letzte Miete, lasse aber das Radio und die Kochplatte da. Der Vater war einverstanden. Der Untermieter zog aus, einige Tage später stand die Polizei vor der Tür und fragte nach ihm, Verdacht auf Mitgliedschaft in der RAF. Wir sagten, er sei schon weg.

Zur gleichen Zeit wurde der Strumpffabrikant Palmers von Mitgliedern der *Bewegung 2. Juni* entführt – die nötigen Telefonate führte ein Vorarlberger, der aufgrund seines Akzents leicht als solcher zu erkennen war. In der Zeitung wurde eine Telefonnummer abgedruckt, unter der man die Stimme zwecks Identifizierung anhören konnte. Ich war neun Jahre alt und wählte die Nummer mehrmals heimlich, die Parolen kamen mir gespenstisch und spaßig vor, jedenfalls verstand ich nicht, worum es ging. Als sich herausstellte, dass es sich bei dem Anrufer um einen jungen Mann aus Wolfurt handelte, war die Aufregung perfekt. Die Mutter hatte ihn in der Schule gehabt, sie sagte, er sei ein sehr ruhiger und netter Bub gewesen, sie habe ihn gerne gemocht.

Vom Untermieter Pech hörten wir viele Jahre nichts mehr. Wir Kinder freuten uns, einen gesuchten Terroristen beherbergt und ihm die Ovomaltine weggegessen zu haben, wir dachten, Wolfurt sei das geheime Zentrum der RAF. Eines Tages stand Pech vor der Tür für einen kurzen Besuch, wir waren ein wenig betreten, und der Vater sprach ihn auf die Nachforschungen der Polizei an. Pech winkte ab, sie hätten ihn schnell gefunden und schnell wieder laufenlassen, das sei die Hysterie von 1977 gewesen.

Der Vater war sichtlich erleichtert, ich ein wenig enttäuscht.

Meine Kindheit ging allmählich zu Ende. Der Vater war bis dahin ein guter und glücklicher Vater gewesen – bis zu dem Zeitpunkt, da er hätte Initiative ergreifen müssen. Pubertierende Kinder lagen ihm nicht, damit steht er nicht allein. Die Heranwachsenden hätte er für etwas gewinnen und sie begeistern müssen. Aber auf andere zugehen entsprach nicht seinem Naturell. Lieber zog er sich zurück und erstarrte in den Gewohnheiten seines dörflichen Daseins.

Ich habe mir sagen lassen, im Griechischen seien die Wörter für Heimat und Gewohnheit verwandt.

Wenn das Telefon klingelte, rührte sich der Vater nicht. Er konnte sich nicht vorstellen, dass jemand etwas von ihm wollte.

»Das ist bestimmt nicht für mich«, sagte er.

Auch auf den Briefträger wartete er nicht. Warum auch? Der brachte ihm nichts, worauf er hätte neugierig sein können.

Mehr und mehr empfand ich den Vater als einen Menschen, mit dem mich nichts verband. Und da es unmöglich war, das Bedürfnis nach jugendlicher Rebellion gegen die väterliche Herrschaft zu richten (er machte ja nie Anstalten, jemanden beherrschen zu wollen), suchte ich Ersatz und rebellierte gegen die väterliche Ignoranz; man empfindet ja meistens entweder einen Mangel oder ein Übermaß an elterlicher Fürsorge. Ich warf ihm Desinteresse vor. Er ging auf diese Anschuldigungen nicht ein, das brachte mich erst recht gegen ihn auf, ich konnte es nicht verstehen und mich deshalb auch nicht damit aussöhnen. Irgendwann schrieb ich ihn ab als jemanden, mit dem ich mich nicht mehr beschäftigen wollte. Ich hatte genug *andere Probleme*. Und das stimmte sogar, war aber gleichzeitig eine Ausflucht, denn vor allem waren meine Interessen andere geworden, meinem Alter entsprechend. Das ging so weit, dass ich heute nicht einmal behaupten kann, damals auf eine Zukunft gehofft zu haben, in der die Kluft zwischen dem Vater und mir wieder schmäler wurde. Der Vater war mir während dieser Zeit einfach nicht besonders wichtig und phasenweise egal.

Die Großzügigkeit seines Urteils fiel mir in meiner Jugend auf und dass er über andere nicht leichtfertig oder böswillig redete. Das schätzte ich an ihm, aus einer immer größer werdenden Distanz.

Der Vater verbrachte jetzt viel Zeit im Keller in der Werkstatt. Dort konnte er seine Gedanken spinnen oder gedankenlos seinen Spinnereien nachgehen. Dort konnte er sein Leben von äußeren Ereignissen freihalten. Die Werkstatt war sein Refugium und seine natürliche Heimat. Noch heute staune ich über die Organisation dort unten. In den siebziger Jahren hatte er ein großes Brett an die niedrige Decke gedübelt und an dieses Brett in sorgfältiger Ordnung die Deckel von Kindernahrungsgläsern geschraubt, mit der Schraubseite nach unten. In die Gläser füllte er das sortierte Kleinmaterial, jetzt hingen die Gläser zu Dutzenden an der Decke, sehr übersichtlich, gut einsehbar, eine vollendete Ordnung, so dass sogar die Kinder und die Frau auf Anhieb fanden, was sie suchten.

Wenn jemand wissen wollte:

»Wo ist Papa?«

Hieß es meistens:

»Vermutlich in der Werkstatt.«

»Was tüftelt er wieder aus?«

»Irgendeinen Blödsinn.«

In meinen Erinnerungen an diese Zeit tauchen immer wieder ähnliche Situationen auf. Die Familie wollte nicht, dass der Vater, der am äußeren Rand des Haushalts herumwerkelte, aus seiner Abwesenheit heraus das Familienleben störte (die Bohrmaschine im Keller, von der das Fernsehbild zusammenfiel, ständiges Klopfen und Klöckeln aus irgendwelchen Winkeln, wenn die Kinder lernen mussten oder lesen wollten). Sogar meine anfänglichen Gefühle, als der Vater krank wurde, folgten diesem Muster – ich dachte, ich möchte nicht, dass sich der Vater mittels einer Krankheit in die Abwesenheit zurückzieht und gleichzeitig aus der Abwesenheit heraus mein Leben beeinträchtigt. Genaugenommen lebte er am Anfang der Krankheit weiterhin sein autonomes Robinson-Crusoe-Dasein – die Familie machte ihm den Hintergrund, den er dafür brauchte, das Meer und den Wind und den Wald und die Ziegen und *my man Friday*.

Robinson Crusoe ist der einzige Roman, den mein Vater in seinem Leben gelesen hat, den dafür mehrmals, einer der wenigen wichtigen Romane der Weltliteratur, in dem Liebe kein bedeutendes Motiv ist und umso bedeutender das Motiv der Selbstbehauptung. Sein erstes Auto, ein großes Cabrio, DKW, Baujahr 1934, taufte der Vater *Robin-*

son. Mit diesem Wagen fuhr er sogar für zwei oder drei Tage ins Südtirol, gemeinsam mit Freunden, das war noch im Jahr des Erwerbs, 1955, lange vor der Hochzeit.

Die achtziger Jahre schritten voran. Meine Eltern hatten sich nicht gerade zu Musterbeispielen häuslicher Eintracht entwickelt. Die Zeit hatte die Unterschiede zwischen ihnen eher vertieft als abgeschliffen. Es herrschte eine spürbare Missstimmung im Haus, und die Pubertät der Kinder trieb das Werk der Auflösung weiter voran. Und weil man immer davon ausgeht, dass Familie etwas Harmonisches ist, kam sich bald jeder wie ein Fremdkörper vor, und irgendwann war der Punkt erreicht, an dem sich alle isoliert fühlten, auf sich alleine gestellt, mit eigenen Dingen beschäftigt, die sonst niemanden etwas angingen.

Onkel Josef sagte einmal: »Bei uns daheim war auch vieles nicht recht. Wenn man ein Problem in der Schule hatte, erzählte man es nicht einmal dem Bruder. Und wenn man sich über etwas freute, versteckte man es und ging nach oben in die Kammer und machte dort Luftsprünge.«

Als Jugendlicher beurteilte ich die Situation zu Hause ähnlich. Heimisch werden konnte ich hier nur in einer demonstrativen Abgrenzung, und am Ende hatte jeder von jedem die Schnauze voll, jedenfalls soweit es mich betraf.

Als ich mit dem Gymnasium fertig war, hatte die Zerrüttung der Familie bereits spürbar auf die Geistesverfassung ihrer Mitglieder übergegriffen. Dieser Prozess war zum

Glück nicht unumkehrbar, das zeigte sich, als sich die Zustände Jahre später wieder besserten.

Im Gedächtnis meines Vaters sind diese Dinge säuberlich ausgelöscht, bei mir wächst der Mohn des Vergessens im Moment noch zaghaft. Der Vater und die Mutter hatten während meiner Schulzeit einiges mit mir mitgemacht, darüber hinaus litt die Mutter immer stärker unter den Zwängen in ihrem Dasein. Wenn ich zurückdenke, wundert es mich nicht mehr, dass sie oft schlechte Laune hatte. Bei meiner Feier zum Abschluss des Gymnasiums hatte es schon zu Hause einen Krach gegeben, und auf der Feier ärgerte es meine Mutter, dass ich von allen Schülern der einzige war ohne Hemd. Der Vater nahm mich zur Seite, setzte mir die Sachlage in seiner ruhigen Art auseinander und fragte, was ich davon halten würde, wenn er einem Kellner ein Hemd abkaufe. Um mir zu zeigen, wie ernst es ihm war, zog er seine Geldtasche (mit dem Foto) aus der Innentasche seines Jacketts, er habe genug Geld dabei, jeder Kellner habe ein Ersatzhemd im Schrank für den Fall, dass er sich beim Servieren anschütte. Ich solle es mir überlegen, es tue nicht weh. Ich schaute den Vater an, als sei er aus dem Mond gefallen, und schlug das Angebot aus, ich sagte, ich wolle nicht im Hemd des Kellners dastehen. Rückblickend muss ich allerdings anerkennen, dass der Vorschlag des Vaters ehrenhaft war, um Ausgleich bemüht.

Wenige Wochen später verließ ich Wolfurt und ging weg, um zu studieren.

Was ist dir das Wichtigste im Leben, Papa?

Das weiß ich nicht. Ich habe schon vieles erlebt. Aber wichtig?

Fällt dir etwas ein?

Wichtig ist, dass man um dich herum freundlich redet. Dann geht vieles.

Und was magst du weniger?

Wenn ich folgen muss. Ich mag es nicht, wenn man mich herumhetzt.

Wer hetzt dich herum?

Jetzt gerade niemand.

An kalten oder verregneten Tagen Ende der siebziger Jahre saßen wir in der Küche am Tisch und spielten das *Spiel des Lebens*, ein harmloses, auf ökonomischen Erfolg ausgerichtetes Brettspiel für Kinder ab dem zehnten Lebensjahr. Das Spielbrett war bedeckt mit bunten Zeichnungen, die sich auf Lebensalter und Lebensstationen bezogen, man drehte ein Glücksrad und folgte der Route, zu der einen das Glücksrad zwang: Ausbildung, Reisen, Heirat, Erfolg, mangelnder Erfolg, Häuser, die gebaut wurden, brannten wieder ab, berufliche Rückschläge, ein Ölfund, Fehlspekulationen, silberne Hochzeit, Pensionierung. Wir ahnten damals nicht, dass der Weg durch das Spiel ein Klacks war gegen das, was uns im Leben bevorstand. Auch hatten wir keine Vorstellung, wie sehr es tatsächlich oft Glückssache ist, ob einer zurückfällt oder nach vorne kommt.

Wenn jemand einen Unfall baute oder wegen Krankheit aussetzen musste, lachten wir schadenfroh.

Die örtliche Orientierung des Vaters ließ immer mehr nach. Nächtens streifte er im Pyjama durch die Nachbarschaft, wir fragten uns, was ist, wenn ihm etwas zustößt. Damit auch in der Nacht jemand auf ihn aufpasste, entschieden wir uns für eine Betreuung rund um die Uhr. Die Tür zur Treppe wurde in der Nacht abgesperrt.

Die slowakischen Frauen, die ins Haus kamen, brachten Ordnung in den Tagesablauf des Vaters. Die ständig wechselnden Menschen, die bisher morgens in sein Schlafzimmer getreten waren, hatten ihn konfus gemacht. Seine Verfassung besserte sich in kurzer Zeit, wir konnten regelrecht zusehen, wie er auflebte. Verbunden damit, dass die Krankheit sich durch ihr Voranschreiten selbst abmilderte, begann für den Vater eine relativ gute Zeit.

Kein Demenzkranker ist wie der andere, oft sind Verallgemeinerungen heikel, in ihrem Wesen bleiben die Betroffenen unergründlich, jeder ein Einzelfall mit eigenen Kompetenzen, Empfindungen und eigenem Krankheitsverlauf. Im Falle meines Vaters verlief die Krankheit langsam, und je weniger ihm seine Misere bewusst war, desto mehr ließ der Einfluss nach, den die Krankheit auf seine Stimmung ausübte. War ihm die Krankheit noch bewusst, machte sie ihm keine große Angst mehr. Er nahm sein Schicksal gelassen hin, und seine positive Grundeinstellung kam wieder öfter zum Vorschein.

Auch passierte es seltener, dass er ohne Heimathafen durchs Haus irrte. Es gab zwar weiterhin Situationen, in denen er nach Hause wollte, dieser Wunsch ging aber nicht mehr mit Panik einher. Seine Stimme klang oft ruhig wie die eines Menschen, der weiß, dass das Leben immer schlecht ausgeht und dass es nicht lohnt, sich aufzuregen.

»Ich gehe jetzt nach Hause«, sagte er einmal, als er müde war, noch länger zu warten, dass ihn jemand mitnahm. »Gehst du mit oder bleibst du hier?«

»Ich bleibe hier.«

»Gut, dann geh ich allein. Was nutzt mich hier das Warten und dann, wer weiß, im November heimgehen. Und vielleicht auch noch etwas zahlen müssen. Die einzige Chance ist, sofort heimgehen.«

»Ja, geh nur.«

»Darf ich gehen?«

»Wenn du meinst, bitte, es steht dir frei.«

»Und eins noch, meine Angehörigen – darf ich sie mitnehmen?«

»Selbstverständlich, nimm sie mit.«

»Gut, danke.«

Er schaute sich um, ob ihm noch etwas auffiel, das er mitnehmen könnte. Er sagte zufrieden:

»Da ist nichts mehr, was mich persönlich berührt.«

Anschließend kam er nochmals zu mir an den Tisch, sein Gesichtsausdruck ließ erkennen, dass ihm die Situation ein wenig peinlich war, er zögerte, rückte schließlich aber doch mit dem Problem heraus.

»Hast du mir eine Adresse? Oder eine andere Anweisung? Ich meine, du müsstest mir nur sagen, geh die obere Straße entlang, bis du das Haus siehst.«

Die Art und Weise, wie er um Unterstützung bat, ging mir zu Herzen, ich sagte:

»Ich habe es mir überlegt, ich komme mit. Wenn du noch eine halbe Stunde wartest, bis ich mit Tippen fertig bin, gehen wir gemeinsam.«

»Wohin?«, fragte er.

»Heim«, sagte ich. »Mich zieht es auch heim.«

»Wirklich?«

»Ja. Aber bevor wir gehen, solltest du dich ein wenig ausruhen und Energien sammeln.«

»Ist es weit?«

»Weit genug. Aber wir schaffen es an einem Stück.«

»Und du würdest tatsächlich mitgehen?«

»Ja, sicher.«

»Das würdest du tun?«

Ich nahm seine Hand, drückte sie kurz:

»Sehr gerne sogar.«

Das war eine Antwort nach seinem Geschmack. Sogleich strahlte er über das ganze Gesicht, griff ebenfalls nach meiner Hand und sagte:

»Danke!«

Dann setzte er sich zu mir an den Tisch, und wir verbrachten einen halbwegs ruhigen Abend, bis ihn seine Betreuerin ins Bett brachte.

Er hielt mich jetzt meistens für Paul, seinen Bruder. Es war mir egal, Hauptsache Familie. Es war mir auch recht, wenn er mich morgens begrüßte mit einem singenden:

»Gott grüße dich, mein schöner Bru-uu-der.«

Manchmal wechselte er mitten im Satz, stellte mich als seinen Bruder Paul vor, »der Waldaufseher«, und fügte hinzu:

»Er ist ein Dichter und Denker.«

Er rannte so gut wie nicht mehr auf eigene Faust davon, es gab immer wieder Momente, da saß er auf dem Mäuerchen vor dem Haus oder stand auf der Terrasse und schaute ins Dorf hinunter. Da erwartete ich manchmal, dass er gesund war, sich mir zuwandte und ein beiläufiges Gespräch mit mir anfing. Wir hatten nie etwas anderes als beiläufige Gespräche geführt. Er hatte mich nie *ins Gebet* genommen, mir nie Ratschläge erteilt. Ich kann mich an keinen Vortrag von pädagogisch relevantem Inhalt erinnern. Sein bevorzugtes Metier waren Bemerkungen über das Wetter und die Bewegungen in der Landschaft.

Wenn man ihn so sah im Schattengesprenkel eines der Bäume, konnte man denken, alles sei in Ordnung.

Ich dachte damals, die Zeit, die noch bleibt, ist knapp bemessen. Ich überlegte, wo uns das nächste Jahr finden würde und wo das übernächste. Zwei oder drei Jahre – das ist ungefähr die Zeit, die ich an einem Roman arbeite. Drei Jahre, das war ungefähr die Zeit, von der ich glaubte, dass ich meinen Vater noch *erreichen* konnte. Deshalb kam ich nach Vorarlberg, so oft es ging, und gab seinen Betreuerinnen die Nachmittage frei, damit ich die Zeit mit ihm alleine verbringen konnte.

Meistens verliefen die Tage sehr friedlich. Manchmal glaubte ich, Probleme mit den Ohren zu haben, weil ich die Stille nicht gewohnt war. Während ich arbeitete, saß mir der Vater am Küchentisch gegenüber. Er fuhr mit den Händen über den Tisch, atmete zwischendurch schnell und rhythmisch, hantierte am Zeitungsständer, verhielt sich sonst aber meist ruhig. Manchmal stellte er eine Frage, und wir redeten, manchmal schaute er mir von der Seite in den Laptop und las mit. Auf meine Frage, ob ihn interessiere, was ich schreibe, antwortete er:

»Ja, ein wenig darf es mich schon interessieren.«

Dann setzte er sich wieder hin und machte ein Gesicht, als träume er. In seiner Gedankenlosigkeit kam er mir vor, als sei er der Alte. Er spielte mit seinen Fingern, als gäbe es im Moment nichts Dringenderes, zwischendurch bat er mich, es ihm zu sagen, falls er mir helfen könne.

»Leider, ich weiß«, fügte er hinzu, »ich erbringe keine guten Ergebnisse mehr, meine Leistungen sind ziemlich schwach geworden. Es ist schwierig. Ich werde dir wohl nicht viel helfen können.«

Ich sagte:

»Du hilfst mir von allen am meisten.«

»Sag so etwas nicht!«, gab er zur Antwort.

»Doch, es stimmt, du hilfst mir am meisten.«

»Es ist nett von dir, wenn du es sagst.«

»Es stimmt auch.«

Er grübelte einen Augenblick, bevor er sagte:

»Dann nehme ich es vorerst zur Kenntnis.«

Wenn er allein in der Stube saß, sang er oft, und immer öfter laut. Ich dachte mir, wenn er so weitermacht, wird er neunzig. Er führte ja eigentlich ein gesundes Leben. Jeden Tag geregelte Mahlzeiten, viel singen und spazieren gehen und lange schlafen. Am Freitag gab es kein Fleisch; seine slowakischen Betreuerinnen hielten auf solche Dinge. Und am Sonntag begleiteten sie den Vater in die Kirche, wenn Peter und Familie schon am Vorabend gegangen waren.

Beim Singen veränderte er scherzhaft die Texte. Auch beim Reden nahm sein Einfallsreichtum wieder zu. Die Verschmitztheit, die er früher gehabt hatte, wurde wieder sichtbar, es war wie bei der Schönheit eines überwucherten Gartens, der ein wenig ausgelichtet wird.

»Bei diesen Dingen habe ich zum Teil auch mitgemacht«, sagte er. »Aber bitte das Wort *zum Teil* nicht allzu groß auffassen, es ist sehr klein zu verstehen.«

Diese Ausdrucksweise beeindruckte mich, ich fühlte mich in Berührung mit dem magischen Potential der Wörter. James Joyce hat von sich gesagt, er habe keine Phantasie, überlasse sich aber einfach den Offerten der Sprache. So kam es mir auch beim Vater vor. Aus *zukünftig* machte er *kuhzünftig*, das *Ende des Lateins*, das ich bekundete, konterte er, er selber befinde sich *nicht am Ende des Lateins, sondern am Ende des Daseins*. Dabei betonte er die Wörter so, dass die lautliche Verwandtschaft unüberhörbar war. Er verwendete Wörter wie *pressant* und *pressiert*, *dawei* und *bistra*. Auch einige alte Redensarten, die ich lange nicht gehört hatte, kamen wieder zum Vorschein:

»Das Leintuch ist nun einmal nicht größer, da hilft kein Ziehen.«

»Ein guter Stolperer fällt nicht.«

»Du stellst dich an, als hättest du Schuhnägel in der Suppe.«

Wenn ihm ein Wort nicht einfiel, sagte er:

»Ich weiß nicht, wie ich es taufen soll.«

Locker fielen ihm die Wörter aus dem Mund, klack, klack. Er war entspannt, er redete, was ihm einfiel, und was ihm einfiel, war oft nicht nur originell, sondern hatte eine Tiefe, bei der ich mir dachte: *Warum fällt mir so etwas nicht ein!* Ich wunderte mich, wie präzise er sich ausdrückte und wie genau er den richtigen Ton traf und wie geschickt er die Wörter wählte. Er sagte:

»Du und ich, wir werden uns das Leben gegenseitig so angenehm wie möglich machen, und wenn uns das nicht gelingt, wird eben einer von uns das Nachsehen haben.«

In solchen Augenblicken war es, als trete er aus dem Haus der Krankheit heraus und genieße die frische Luft. Momentweise war er wieder ganz bei sich. Wir verlebten glückliche Stunden, deren Besonderheit darin bestand, dass sie der Krankheit abgetrotzt waren.

»Mir geht es meiner Beurteilung nach gut«, sagte er. »Ich bin jetzt ein älterer Mann, jetzt muss ich machen, was mir gefällt, und schauen, was dabei herauskommt.«

»Und was willst du machen, Papa?«

»Nichts eben. Das ist das Schönste, weißt du. Das muss man können.«

Seine Misere war ihm entweder nicht mehr bewusst, oder er nahm sie nicht mehr tragisch. Selbst als sich durch starken Blutverlust beim Wasserlassen ein Blasentumor bemerkbar machte, irritierte ihn das wenig. Er war weiterhin gut drauf und *wunderte* sich nur. Lediglich nach der Operation war er infolge der Narkose und aufgrund der fremden Umgebung durcheinander. Alle waren froh, als ihn die Ärzte endlich nach Hause entließen. Dort ging's sofort wieder besser, und er wusste sogar, dass er zu Hause war. Das wollte etwas heißen.

Als er im Krankenhaus aufgewacht war, hatte er zu Daniela, seiner Betreuerin, gesagt, er habe Schmerzen. Daniela hatte geantwortet, sie könne ihm nicht helfen, aber sie bleibe bei ihm. Da sagte er:

»Wenn du bei mir bist, hilft mir das bereits sehr viel.«

Auch ein Altersdiabetes war diagnostiziert. Jeden Morgen bewies der Vater die bewundernswürdige Fähigkeit, Tabletten jeglicher Größe ohne Zuhilfenahme von Flüssigkeit zu schlucken, mit komisch verzerrtem Gesicht. Er spülte erst nach, wenn ohnehin alles unten war.

Seit einiger Zeit konnte er den Fernseher nicht mehr als andere Realität erkennen. Er fragte, wie es sein könne, dass dort, wo er hinschaute, das eine Mal ein ihm unbekanntes Zimmer zu sehen war und im nächsten Moment ein Auto.

»Wie kommt jetzt das Auto hier herein?«

Das gipfelte darin, dass er zu Weihnachten während der Nachrichten von der Couch aufstand, die Schale mit den Weihnachtskeksen zum Fernseher trug und den Nachrichtensprecher zum Zugreifen animierte. Als der Nachrichtensprecher nicht reagierte, nahm der Vater einen Husarenkrapfen, hielt ihn genau an die Stelle, wo sich der Mund des Sprechers bewegte, und schlug dem Mann vor, zu probieren. Die fortgesetzte Unhöflichkeit des Nachrichtensprechers machte den Vater ein wenig ungehalten. Uns jagte die Szenerie trotz der Komik einen Schrecken ein. Ziemlich gespenstisch war das.

Tatsächlich trieb die Krankheit in ihm jetzt seltsame Blüten. Diese Momente waren meist von kurzer Dauer, und oft wiesen sie darauf hin, dass der Vater sich nicht wohl fühlte. Sein Zustand änderte sich rapide, abhängig davon, in wie guten Händen er sich befand.

Mit manchen seiner Betreuerinnen war er ein Herz und eine Seele, andere schafften es nicht, ihm das Gefühl zu vermitteln, dass er gut aufgehoben war. Dann war er durcheinander und ängstlich, wurde panisch und glaubte sich in ernsten Schwierigkeiten.

»Es wird geschossen, wir müssen in Deckung gehen!«, rief er. »Die Schweizer schießen schon wieder herüber!«

Aus dem Großelternhaus quoll grauer, leicht bräunlicher Rauch, Onkel Robert war am Schnapsbrennen. Am Vormittag war Onkel Erich mit einem Eimer und einer kleinen Schaufel durchs Feld und über den Bühel gegangen und hatte die ständig nachwachsenden jungen Eichen ausgestochen. Der Rauch aus dem Kamin war zwischendurch fast durchsichtig – vielleicht der Feinbrand. Von meinem Schreibtisch aus sah ich, dass der Nussbaum hinter dem Kamin ein wenig flimmerte und verschwamm.

Es war ein kühler Tag mit hohen dünnen Wolken. Vor meiner Wohnung suchte ein Schwarm Finken zwischen den Himbeerstauden nach Nahrung.

Ich hatte seit einer Stunde an der Konzeption von *Alles über Sally* gearbeitet und Kaffee aus einer alten, angeschlagenen Tasse getrunken, da klingelte das Handy. Es war Maria, eine der Betreuerinnen des Vaters. Sie hatte den

Vater unter die Dusche stellen wollen, er hatte nicht duschen wollen und sich im Badezimmer eingesperrt, als sie kurz weggegangen war. Jetzt kam er nicht mehr heraus.

Ich ging nach oben und kümmerte mich darum. Nach mehrmaligem Bitten öffnete mir der Vater die Tür. Er saß auf dem Badeschemel, in langer Hose und weißem, ärmellosem Unterhemd, an den Oberarmen hing die Haut herunter, aller Spannkraft beraubt. Zwei Handtücher hatte er sich martialisch um den Hals gebunden, in der einen Hand hielt er eine nach oben aufgerichtete langstielige Rückenbürste, in der andern Hand einen Nagelzwicker, dessen Nagelfeile ausgeklappt war. Er sah jetzt tatsächlich wie ein König aus – mit Zepter und Schwert. Doch im Gesicht trug er den Stempel des Irrsinns.

Ich fragte ihn, ob er mit mir fernsehen wolle.

Er blickte mich nicht an und machte ein finsteres Gesicht, als sei er entschlossen, bis zum Äußersten zu gehen. Er halluzinierte, schaute ständig in die Dusche und fragte, was er mit »den anderen« machen solle.

Da er gleichzeitig mit der massiven Bürste und der Feile herumfuchtelte, war ich nicht sehr geistesgegenwärtig. Anstatt ihm die Angst zu nehmen, indem ich sagte, dass ich ihn beschützen und die *anderen* verjagen werde, versuchte ich ihn abzulenken. Ohne Erfolg. Er fühlte sich weiterhin bedroht und schaute reaktionsbereit mit eingezogenem Kopf nach links und nach rechts.

Als ich ihm die Bürste aus der Hand nehmen wollte, schlug er andeutungsweise nach mir. Ich erschrak und schnauzte ihn an:

»Spinnst du! Du bist doch ein gestandener Gemeindesekretär?! Und da führst du dich so auf?! Wer hat dir das beigebracht?! Deine Mutter bestimmt nicht! Und uns, deinen Kindern, hast du so etwas auch nicht beigebracht!«

Ich ließ einen gewaltigen Schwall auf ihn nieder, es kam einiges darin vor, von dem ich wusste, dass es für ihn Wert besitzt. Interessanterweise machte ihm die Predigt Eindruck. Er schaute verdutzt, als sei er beschämt, legte die Bürste von sich aus beiseite und willigte ein, als ich sagte, dass ich die Nagelfeile nehme. Jetzt war das Schlimmste überstanden. Ich zog ihm ein Hemd an und manövrierte ihn vor den Fernseher. Er gab sich entspannt, übertrieben heiter, zu Scherzen aufgelegt. – Maria lag unterdessen in ihrem Zimmer und weinte. Sie hatte sich eine Stunde lang mit ihm herumgeschlagen und sich mehrfach mit der Rückenbürste bedrohen lassen.

Ich rief Helga an, die sich sehr oft auf solch vorgeschobenem Posten aufzuhalten hatte. Ob sie kommen und sich um Maria kümmern könne. Ich selber verbrachte den Abend mit dem Vater, der nun erstmals aggressiv geworden war. Er war weiterhin fröhlich und betont freundlich, als wisse er, dass er mir Sorgen bereitet hatte, und als sei er gewillt, seinen Auftritt vergessen zu machen. Für diesmal hatte uns das Höllenfeuer nur angesengt.

Aber wie es weitergehen sollte, war mir in diesem Moment nicht klar. Aktionen wie diese konnte sich der Vater nicht oft leisten. Seine Betreuerinnen reagierten sehr empfindlich auf Eskalationen, und schließlich, er hatte sogar mir Angst gemacht, ich hatte Visionen gehabt von einem gewalttätigen Geisteskranken.

Das subjektive Empfinden des Vaters mochte gewesen sein: Was will diese Frau von mir? Duschen? Das ist bestimmt ein Trick! Ich werde mich nicht länger von einer mir fremden Person herumkommandieren lassen. Sie spricht nur gebrochen Deutsch, trotzdem nimmt sie sich heraus, mir Befehle zu erteilen und mich herumzuschubsen. Das ist verdächtig.

An die sowjetischen Krankenschwestern in dem Schuppen bei Bratislava hatte er nur ungern zurückgedacht. Statt Pflege hatte er Befehle bekommen. Vielleicht war von damals etwas hängengeblieben und jetzt für einen Moment hochgebrochen. Keine Ahnung. Es war auf alle Fälle ein sehr seltsamer Zufall, dass seine Betreuerinnen aus der Slowakei und einige direkt aus Bratislava zu ihm nach Wolfurt kamen.

An besagtem Abend schauten wir gemeinsam *Verstehen Sie Spaß?* Der Vater war interessiert, kommentierte lachend den *Blödsinn*, wie er es nannte, ich tippte Notizen über das, was passiert war, in den Laptop. Maria hatte ich den Abend freigegeben, damit sie sich erholen konnte. Heimwehkrank, wie sie war, gab sie die Stelle wenige Tage später auf.

Ich weiß nicht, ob es an diesem Abend war, dass in *Verstehen Sie Spaß?* eine Episode gezeigt wurde mit einem geschlossenen Lift in einem großen Hotel. Plötzlich ging im Lift das Licht aus, und als es nach einigen Sekunden wieder anging, fehlte ein junger Mann. Lediglich seine Tasche lag verlassen am Boden. Die meisten Fahrgäste reagierten schockiert, eine Frau jedoch konnte sich vor Lachen nicht halten. Sie schüttete sich regelrecht aus.

Wenn mein Vater halluzinierte, war die Situation in seinem Kopf bestimmt ganz ähnlich, kurz ging das Licht aus, und plötzlich war die Situation eine andere. Unerklärlich! Ein Gehirn, das ständig mit solchen Merkwürdigkeiten zu tun hat, gerät unweigerlich in Alarmzustand.

Wenige Wochen später redete mir Tante Hedwig, die Frau von Emil, aufs Band. Ich rief sie zurück, es ging um Katharina, die Tochter meiner Cousine Maria. Katharina war nach einem grippalen Infekt wochenlang gelähmt gewesen, lediglich die Augen hatte sie noch bewegen können. Diese Erfahrung und die tagelangen Albträume wegen der Medikamente hatte Katharina aufgezeichnet. Tante Hedwig und ich redeten auch über meinen Vater. Sie erwähnte einen Ausflug, den mein Cousin Stefan mit ihm unternommen hatte. Mein Vater habe betont, dass es ihm in seinem Leben immer gutgegangen sei. Tante Hedwig erwähnte das staunend, eine solche Aussage höre sie von den allerwenigsten Menschen. Wenn sie sich das Foto vor Augen rufe, das August zeige, nachdem er aus der Kriegsgefangenschaft nach Hause gekommen sei, werde seine Einstellung noch bemerkenswerter.

Ich bedauerte, dass das Foto gemeinsam mit der Brieftasche meines Vaters verlorengegangen war.

Tante Hedwig sagte:

»Ach, Arno, wir haben eine Kopie. Keine Ahnung, wie die

in unseren Besitz gekommen ist. Aber wir haben eine Kopie.«

»Bist du sicher?«

Ich beschrieb das Foto.

»Ja, ich bin sicher. Wenn du willst, suche ich es heraus. Du
kannst es morgen holen.«

Also holte ich das Foto und machte eine Kopie der Kopie
und durfte die Originalkopie behalten; sie ist eines der
Dinge, an denen mein Herz hängt.

Aus der Kennzeichnung auf der Rückseite des Fotos geht
hervor, dass Emil den Abzug im Jahr 1995 machen ließ, zu
einem Zeitpunkt, als er und mein Vater bereits alte Männer waren. 1995 – um diesen Dreh herum hatte das ganze
Schlamassel angefangen.

Weißt du, ich bin auch schon ein älterer Knabe. Dagegen bist du ein junger Hupfer.

Wo du recht hast, hast du recht.

Da ist einiges an mir alt geworden.

Aber so alt man wird, man lernt immer noch etwas dazu.

Ich nicht, leider. Bei mir ist nichts mehr drin. Und ich wäre sehr froh, wenn ich bald – bald – bald – hier nicht mehr einspringen müsste. Ich würde lieber ein Stückchen gehen und nichts tun.

Du darfst nichts tun so viel du willst.

Wenn du wüsstest. Ständig muss ich Sachen zusammenwinkeln. Aber ich will bald damit aufhören.

Im Fallrohr der Dachrinne gluckerte das Wasser, ein gleichgültiges, betörend abweisendes Geräusch. Gegen das Wasser und die Zeit ist man machtlos.

Ich machte den Vater auf den Regen aufmerksam. Er schaute zum Fenster und sagte:

»Ach, die schönen Zeiten, als ich jung war, als ich jung war, war es draußen noch schön. Jetzt ist es grimmig – – grimmig.«

Er hatte sein Gefühl für Zeit noch nicht ganz verloren. Aber *er tickte nicht mehr richtig.* Verwirrenderweise ging ihm ausgerechnet das Wissen um das Nachlassen seiner Fähigkeiten nicht verloren, er thematisierte es immer öfter, was ich umso erstaunlicher fand, als er gleichzeitig die alltäglichsten Dinge nicht mehr meistern konnte. Er wusste nicht, ob er Hunger oder Durst hatte, es war »gar nicht so leicht«, Essen und Trinken in gewohnter Weise zu bewältigen. Einmal hatte er ein Brot vor sich auf dem Teller und bedauerte, nicht zu wissen, was er damit tun solle. Er fragte mich um Rat, ich sagte:

»Du musst nur abbeißen.«

Mit dieser Anweisung konnte er nichts anfangen. Betrübt antwortete er:

»Tja, wenn ich wüsste, wie das geht. Weißt du, ich bin ein armer Schlucker.«

Dass er ein armer Schlucker sei, sagte er manchmal alle

paar Stunden, aber keineswegs immer betont traurig, kei-
nesfalls protestierend, sondern meistens auf eine freund-
liche Art, als müsse er eine wichtige Feststellung machen.
»Ich bin einer, der nichts zu melden hat. Da ist nichts mehr
zu machen.«

Es waren Sätze wie dieser, die auch ein Held von Franz
Kafka oder Thomas Bernhard gesagt haben könnte, ich
dachte mir, da haben sich zwei gefunden, ein an Alzheimer erkrankter Mann und ein Schriftsteller. In *Frost* lässt
Thomas Bernhard seinen Protagonisten sagen: *Aber ich bin
tief unfähig, ganz tief unfähig.* Und an anderer Stelle: *Mir ist
alles unverständlich.*

»Ich begreife das alles nicht!«, sagte der Vater immer wieder, ein Kommentar zur Undurchschaubarkeit der Me-
chanismen, in die er sich gezogen fühlte. Und kategorisch
der Nachsatz:

»Ich bin nichts mehr.«

Oft führte der Vater die Einschätzung seiner Lage detailliert aus, und es jagte mir kalte Schauer über den Rücken,
mit welcher Abgeklärtheit er seine Selbstauskünfte vor-
brachte.

»Ich bin ein armer Krauterer«, sagte er. »Ja, ja, es war einmal. Meine Anfänge, die sind kraftvoll gewesen. Aber jetzt
bin ich alt – – und mit dem Alter ist eine gewisse Unbedenklichkeit eingetreten – – nein, nicht Unbedenklichkeit – – nicht *Unbedenklichkeit,* das Wort ist schlecht – – es
hat Probleme gegeben.«

Er machte mit den Händen das Zeichen für *Ende,* indem er
die Hände vor dem Bauch abwechselnd überkreuz und

auseinander führte. Dann schaute er in verschiedene Schubladen, machte die Schubladen wieder zu. Auf meine Frage, was er suche, konnte er keine konkrete Antwort geben.

»Nichts. Nichts zum Weiterleiten oder Weiterbearbeiten.«

Er schickte ein »Ja, ja« hinterher und sagte:

»Ich habe auch etwas gesehen, und das freut mich im Prinzip. Aber das liegt alles nicht mehr in meiner Verfassung.«

»Wie würdest du deine Verfassung einschätzen, Papa?«

»Schwach. Es ist nur mit Hilfe anderer möglich, etwas zu erarbeiten. Es ist mit mir nicht mehr viel los. Na, nu, es ist so, und ich kann es nicht ändern. Bei mir ist vieles schiefgelaufen, da ist vieles – – also, es hätte vieles besser ausgehen können. Aber ich trauere dem nicht nach. Ich beklage mich nicht, obwohl ich nicht viel erreicht habe in den letzten Zeiten. Am Anfang ging es noch, aber es ist dann immer schlechter geworden. Ich habe auch Pech gehabt.«

»Was für Pech?«

»Ja, in den Händen ist mir etwas kaputtgegangen. Dinge waren plötzlich nichts mehr wert. Dabei will ich noch nicht einmal anderen die Schuld geben, meine Sachen sind einfach schwächer geworden. Ich bin nicht mehr geeignet. Ich habe keine blühenden Zeiten mehr gehabt in den letzten – – was soll ich sagen? – – Monaten. Könnte auch länger sein.«

»Wann waren deine blühenden Zeiten?«

»Dem sinne ich nicht mehr nach. Ich hatte schon gute Zeiten, es hat mich oft gefreut. Aber, aber, aber, das ist vorbei.

Ja, einiges ist bei mir kaputtgegangen, das weiß ich. Aber ich brauche es nicht mehr.«

Er ging zur Tür, sagte: »Herrgoläss!« Fünf Sekunden später sang er ein wenig, schaute in die Töpfe auf dem Herd und verzog sich raus in die Laube. Als er von dort zurückkam, fragte ich:

»Und? Was gibt es Neues?«

»Bei mir nix, bei mir gibt es nichts Neues. Bei dir immer, und das freut mich. Weißt du, bei mir ist nichts mehr los, ich bin schwach, ich bin leistungsschwach, das hat sich so ergeben.« Er sang ein paar Takte. »Ich werde jetzt auch bald – – flachliegen.«

»Was?«

»Nichts tun. – – Weißt du, Wichtiges ist bei mir nicht mehr vorhanden. Das Gefühl habe ich. Ich kann es nicht beweisen, aber das Gefühl habe ich, bei mir ist nichts Wichtiges mehr vorhanden, ja, so ist es. – – Das, was noch zu erledigen ist, müssen andere erledigen.«

»Da kannst du ganz unbesorgt sein. Ich kümmere mich darum.«

Er lachte, griff nach meiner Hand und sagte:

»Danke, ich möchte nur Dankeschön sagen. Ich bin ein armer Schlucker. Ich war auch einmal einer – ich danke dir, dass du keinen Wirbel machst, weil mit mir nichts mehr los ist.«

»Papa, es ist alles gemacht, es ist für alles gesorgt. Jetzt geht die Sonne unter.«

»Glaubst du das?«

»Ich weiß es.«

»Danke, dass du es mir sagst. Ich bin leider einer, der nicht mehr tüchtig ist.«

Dann setzte er sich zu mir an den Tisch und legte den Kopf auf die am Tisch verschränkten Hände.

Die Sorge, etwas könnte unerledigt geblieben sein, beschäftigte ihn oft. Als ich eines Abends vom Dachboden herunterkam, stieß ich im Flur des ersten Stocks auf Ludmilla und meinen Vater. Ludmilla wollte ihn gerade ins Bett bringen, aber er machte sich Sorgen, dass nicht alles erledigt war und jemand auf ihn wartete. Ich sagte ihm, für heute sei Schluss, alle Mann ins Bett. Er fragte bekümmert:

»Und wer entlässt die Leute?«

Ich nahm seine Hand, drückte sie kurz:

»Ich entlasse die Leute, sie dürfen jetzt nach Hause gehen.«

Hinter seiner Unsicherheit keimte ein Lächeln auf. Augenzwinkernd sagte er:

»Du bist mein bester Freund!«

Der tägliche Umgang mit ihm glich jetzt immer öfter einem Leben in der Fiktion. Wir richteten uns in all den Erinnerungslücken, Wahnvorstellungen und Hilfskonstruktionen ein, mit denen sein Verstand sich gegen das Unverständliche und die Halluzinationen wappnete. Der einzig verbliebene Platz für ein Miteinander, das sich lohnte, war die Welt, wie der Vater sie wahrnahm. Wir sagten so oft wie möglich Dinge, die seine Sicht bestätigten und ihn glücklich machten. Wir lernten, dass die Scheinheiligkeit der Wahrheit manchmal das Allerschlimmste ist. Sie brachte die Sache nicht weiter und diente allen schlecht. Einem Demenzkranken eine nach herkömmlichen Regeln sachlich korrekte Antwort zu geben, ohne Rücksicht darauf, *wo er sich befindet,* heißt versuchen, ihm eine Welt aufzuzwingen, die nicht die seine ist.

So schlugen wir einen Weg ein, der von der nüchternen Wirklichkeit wegführte und über Umwege zur Wirklichkeit zurückkehrte. Wenn der Vater nach Hause wollte, sagte ich, mal sehen, was ich für dich tun kann, ich glaube, ich kann dir helfen. Und wenn er sich nach seiner Mutter erkundigte, tat ich, als glaubte ich ebenfalls, dass sie noch lebte, und versicherte ihm, sie wisse über alles Bescheid und passe auf ihn auf. Das freute ihn. Er strahlte und nickte. Das Nicken und das Strahlen waren die Rückkehr zur Wirklichkeit.

Die objektive Wahrheit kam oft unter die Räder, es kümmerte mich nicht, denn sie war wertlos. Gleichzeitig gewann ich zunehmend Freude daran, wenn meine Erklärungen in den Bereich der Fiktion abgleiten durften, es gab dabei nur den einen Maßstab: Je beruhigender für den Vater, desto besser.

Vieles im alltäglichen Umgang war eine *Frage der Technik.* Die Ansprüche, die an uns gestellt wurden, waren ausgesprochen komplex, und so traurig es für meinen Vater war, dass sein Gehirn abbaute, für seine Angehörigen galt, dass Widrigkeiten den Verstand *schärfen.* Gespräche mit ihm waren eine gute Gymnastik gegen das eigene Einrosten. Sie erforderten ein beträchtliches Maß an Einfühlungsvermögen und Phantasie, denn im besten Fall gelang es durch ein richtiges Wort und eine richtige Geste, die Unruhe für einige Zeit zu beseitigen. Felix Hartlaub hat in einem anderen Zusammenhang gesagt: *Eigentlich kann man hier nur als staatlich geprüfter Seiltänzer bestehen.*

Über ihre Erfahrungen mit dem Vater sagte Daniela, ins Bett gehen und aufstehen seien nicht so schwer, wenn sie ihm Fragen stelle.

»Bist du müde?«

»Ja.«

»Willst du ins Bett gehen?«

»Ja.«

Man müsse versuchen, ihn mit Fragen dazu zu bringen, von sich aus den gewünschten Wunsch zu äußern. Auf diese Weise gelange ein wenig Ordnung in seine unordentliche Welt. Befehle hingegen funktionierten nicht. Wenn sie sage:

»August, du musst jetzt ins Bett gehen.«

Dann frage er:

»Warum?«

Einmal, als Daniela gebügelt habe, sei es dem Vater zu dumm geworden, er habe gesagt, er gehe nach Hause, aus, fertig, er lasse sich das nicht mehr gefallen. Daniela habe ihn ganz erschrocken angeschaut und gesagt:

»August, ich bleibe nicht alleine hier! Was mache ich ohne dich? Wenn du gehst, dann gehe ich auch. Aber ich muss noch bügeln.«

Das habe er eingesehen, und sie habe sich bei ihm bedankt.

Daniela sagte, sie bedanke sich immer bei ihm, auch dann, wenn sie ihm gerade eine Gefälligkeit erwiesen habe. Das baue ihn auf, dann sei er zufrieden, und das führe dazu, dass eine gewisse Abhängigkeit entstehe. Er suche sie den ganzen Tag und laufe ihr hinterher. Er brauche Sicherheit, dann fühle er sich wohl. Er wisse sehr gut, dass er jemanden brauche, um nicht unterzugehen. Einmal habe er zu ihr gesagt:

»Ich wohne hier in diesem Haus, das ich allein gebaut habe. Von meiner Familie ist im Moment niemand da, ich bin allein mit meinen Betreuerinnen.«

Einmal, als ich ihm auf seine Frage, wer außer uns im Haus sei, die Antwort gab, niemand, wir seien im Moment alleine, beunruhigte ihn diese Auskunft. Er sagte:

»Das ist schlecht, denn ich brauche Betreuung, ohne Betreuung bin ich aufgeschmissen.«

Solche Feststellungen erschütterten mich immer, weil ich dem Vater eine so *gesunde Einschätzung* nicht mehr zutrauen wollte. Ich sagte rasch:

»Ich bin da, ich sorge für deine Betreuung.«

Sein Gesicht hellte sich auf, und er erwiderte:

»Das rechne ich dir hoch an, dass du dir dafür die Zeit nimmst.«

An anderen Tagen sagte er:

»Für mich hat nie jemand etwas getan. Du vielleicht?«

»Ja, schon. Manchmal.«

Er widersprach voller Bitterkeit:

»Du hast nie etwas für mich getan!«

Von allen Betreuerinnen verstand es Daniela mit ihm am besten. Die beiden harmonierten in einem Ausmaß, das einen vor Verwunderung den Kopf schütteln ließ. Einmal kam ich dazu, als Daniela ihm Fotos von ihrem Mann zeigte. Der Vater sagte, den kenne er. Sie widersprach, unmöglich, ihr Mann lebe in der Slowakei. Der Vater sagte: »Du bist mir sympathisch, auch wenn ich dir das, was du mir erzählst, nicht glaube.«

Sie bestand darauf, ihr Mann sei noch nie in Vorarlberg gewesen, und er könne auch kein Wort Deutsch. Sie wiederholte es zur Betonung: »Keines!« Mein Vater sagte: »Du bist mir eine sympathische Frau. Mehr kann ich dazu nicht sagen.«

Danielas eigener Aussage zufolge war das Zusammensein mit dem Vater kein Problem. Sie sagte, man brauche vor allem Geduld. Wenn er nicht aufstehen wolle, habe sie Zeit, dann warte sie halt ein wenig. Und wenn er sich nicht rasieren wolle, macht nichts, eine halbe Stunde später habe er meistens vergessen, dass er sich eben noch geweigert habe. Sie habe vierundzwanzig Stunden Zeit zum Warten.

Die meisten anderen Betreuerinnen kamen weniger gut mit ihm aus. Wenn er sich weigerte, wurden sie nervös. Der Vater nahm die Nervosität mit feinem Gespür wahr, dann wusste er die Fürsorglichkeit, die man ihm entgegenbringen wollte, in keiner Weise zu würdigen. Angesichts ziemlich entmutigender Vorfälle schaukelte sich das gegenseitige Unbehagen immer weiter hoch, und obwohl wir die Unterstützung durch die Familie in solchen Momenten deutlich verstärkten, gab es immer öfter Tage, an deren Ende alle reif für die Zwangsjacke waren. Ich selber hatte manchmal noch unter der Dusche das Gefühl zu rennen, und einmal, als ich am Kleiderkasten vorbeiging, hatte ich das Bedürfnis, mich hineinzusetzen. Wenn ich nachts mit heißen und schlaflosen Augen in die ungewisse Zukunft des nächsten Tages blickte, fiel mir die lateinische Redewendung *nox est perpetua* ein: die Nacht nimmt kein Ende.

Zwischendurch kam immer wieder so etwas wie Hoffnung auf. Aber die Pausen zwischen den Knalleffekten wurden kürzer, da half kein Gegensteuern. In einem Klima des Unberechenbaren war die Spannung teilweise kaum zum Aushalten, es war schrecklich, dieses allseitige Leid mit ansehen zu müssen. Die verfahrenen Beziehungen zwischen dem Vater und einzelnen seiner Betreuerinnen lieferten der Krankheit zusätzliche Nahrung. Die Betreuenden stießen rasch an ihre Belastungsgrenzen, das wirkte sich negativ auf den Vater aus. Die Abwärtsspirale drehte sich.
Es ging schon in der Früh los, man konnte ihm nichts recht machen, das erste, was der Vater sagte, war von der Art:
»Wenn du wüsstest, wie ich hier misshandelt werde.«
An dieser Tonlage änderte sich nichts für den Rest des Tages. Die Musik war etwas, das er ertragen musste. Das Mittagessen hatte eine Beschaffenheit, die ihm nicht gefiel. Er sagte:
»Ich glaube nicht, dass ich das essen werde.«
Einmal ging er nach dem Essen in die Laube und pinkelte

in den Topf von Werners größtem Kaktus. Ich hörte es plätschern, eilte hinaus und rief, das dürfe er nicht tun. Er antwortete:

»Natürlich darf ich. Das ist die Strafe für das, was sie mir antun. Sie hätten noch viel schwerere Strafen verdient.«

Am schlimmsten waren die Nächte, in denen er aufwachte und seine Kinder zu suchen begann. Dieses Muster wiederholte sich mit überraschender und mir unerklärlicher Regelmäßigkeit. Der Vater war in diesen Situationen untröstlich, ganz elend, in tiefer Verzweiflung. Es war, als irre er im Krieg zwischen den zerbombten Häusern herum auf der Suche nach einem Lebenszeichen. Manchmal ließ er sich beruhigen, wenn man behauptete, die Kinder kämen in der Früh. Manchmal suchte er die halbe Nacht, bis er vor Erschöpfung einschlief. Am Tag ging die Suche weiter, vier kleine Kinder, die nicht in ihren Betten lagen, die sich nicht unter den Betten versteckten, die nicht in der Badewanne saßen und nicht in den Kästen hinter den Hemden kicherten. Der Vater war sehr unglücklich, keines der Kinder zu finden.

Er sagte:

»Sie wurden abtransportiert und sind nicht mehr gesehen worden. Ich habe lange nach ihnen gesucht, alle möglichen Stellen kontaktiert, um mir bei der Suche helfen zu lassen. Jetzt habe ich keine Hoffnung mehr, sie eines Tages wiederzusehen.«

Auf meine Bemerkung, dass ich glaube, sie seien in Sicherheit, sie würden heiraten und eigene Kinder bekommen, sagte er:

»Alles, was du sagst, ist möglich. Aber daran glauben tu ich nicht.«

Er zog die Brauen zusammen, als wolle er sich auf etwas besinnen, dann zeigte er wieder mit dem ausgestreckten Zeigefinger auf den Stubenschrank und mutmaßte, dass dies die Richtung sei, in die man die Kinder weggeführt habe.

»Wo sie nur hingekommen sein mögen? – Die sind weg – die sind ab – die sind weg – die sind ab.«

Mit Vlasta hätte es geklappt, aber dann erkrankte Vlastas Mutter, ihre Mutter sagte am Telefon, es sei nicht einzusehen, dass Vlasta in Österreich fremde Menschen pflege, während zu Hause die Mutter im Bett liege.

Anna, die sehr klug war und ihr Möglichstes tat, fand trotzdem keinen Draht zum Vater. Es war wie verhext. Wenn sie bei Spaziergängen Leute trafen, die meinen Vater fragten, wen er bei sich habe, sagte er, das sei eine blöde Kuh, die ihm ständig auf die Nerven falle.

Einmal – das war das Schlimmste – machte er Anna gegenüber die Geste des Halsabschneidens. Sie habe schon Angst gehabt, er gehe zur Schublade und hole ein Messer. Ich verbarg meine Bestürzung und sagte, das sei nicht ernst zu nehmen. Aber wusste ich es? Also fügte ich hinzu:

»Er ist ein kranker Mann, es schadet nichts, wenn man sich vorsieht. Im Ernstfall ist er weder besonders stark noch besonders schnell.«

Sehr beruhigend!

Das Verteufelte war: Sowie eine Betreuerin, mit der er nicht zusammenpasste, das Haus verlassen hatte und Daniela oder meine Mutter den Laden übernahm, war der Vater nach zwei oder drei Tagen friedlich wie ein Lamm, ausgeglichen, fröhlich, ruhig, entgegenkommend, die Freundlichkeit in Person. Dann hörten wir wieder die gewohnt kauzigen Bemerkungen.

»Bist du zufrieden, August?«

»Ich bin immer zufrieden. Ich war schon als Baby zufrieden.«

Ich weiß nicht, wie es weitergeht.

Ich kümmere mich um alles.

Mich dürft ihr nicht vergessen. Das wäre ungerecht.

Das tun wir nicht.

Du, aber ganz so leicht ist das nicht!

Ganz bestimmt, dich vergessen wir auf keinen Fall.

Die Alzheimererkrankung machte dem Vater seit über einem Jahrzehnt zu schaffen. Die Schnittbilder des Gehirns, die der Neurologe anfertigte, zeigten das ganze Ausmaß der Zerstörung. Trotzdem trat der Vater fast täglich für kurze Momente aus seiner Krankheit heraus und fragte auf die eine oder andere Art:

»Was ist mit meinem Kopf los?« Er klopfte sich gegen die Stirn: »Da stimmt doch etwas nicht. Kannst du mir sagen, wie wir das reparieren können?«

Dann schaute er mich hilfesuchend an und war enttäuscht, wenn ich wenig überzeugend antwortete:

»Hilfe kommt aus Bregenz.«

Das hatte Franz Kafka fast auf den Tag genau zehn Jahre vor der Geburt meines Vaters in sein Tagebuch notiert, am 6. Juli 1916. Und wie ein Kafkascher Held musste mein Vater sich fühlen, obwohl er vom Garten seines Hauses nach Bregenz sehen konnte.

Kafka fuhr fort:

Und als der Kranke angestrengt die Augen zusammenzog, fügte der Arzt hinzu: »Bregenz in Vorarlberg.« – »Das ist weit«, sagte der Kranke.

Auch für den Vater war Bregenz weit, zumindest gemessen daran, wie wenig man ihm helfen konnte. In den hellen Momenten, die er hatte, wand er sich vor Verlangen nach einem funktionierenden Gehirn – doch Besserung trat nicht ein. Das Hämmern mit der Faust gegen den Kopf hatte nicht dieselbe Wirkung wie in meiner Kindheit, als der Vater aufstand und mit der Faust auf den Fernseher haute, weil das Bild angefangen hatte zu wandern.

An einem kalten Tag im Frühjahr 2009 machte Daniela den Vater zum Spazierengehen fertig. Er trug bereits Straßenschuhe und Jacke. Daniela setzte ihm den Hut auf und sagte:

»Hier hast du deinen Hut.«

»Das ist recht und gut. Aber wo ist mein Gehirn?«

»Dein Gehirn ist unter dem Hut«, sagte ich von der Küche aus.

Der Vater nahm den Hut ab, schaute hinein und erwiderte:

»Das wäre aber ein Wunder.« Er zögerte, dachte nach, und indem er den Hut wieder aufsetzte, fragte er schüchtern: »Ist es wirklich unter dem Hut?«

»Ja, es ist dort, wo es hingehört«, sagte ich.

Er zog die Brauen hoch und ging verdattert hinter Daniela zur Tür.

Solch surreale Momente häuften sich, und wenn ich davon erzähle, hört es sich gut an, ein wenig komisch und auch bizarr. Doch wenn man genau hinhört, vernimmt man neben der Komik, die befreiend ist, auch die Beunruhigung und die Verzweiflung. – Und immer öfter blieb die Komik aus.

Vieles war schwierig, weil der Vater nicht verstand, wozu es gut war. Er wurde zornig, weil er Medikamente schlucken musste, die ihm nicht schmeckten. Er wusste nicht, dass er ohne Medikamente noch schlechter dran wäre. Also fuhr er mich an:

»Das kannst du nicht mit mir tun!«

»Es ist ja nur zu deinem Besten.«

»Das kann jeder behaupten!«, gab er barsch zurück. »Glaub bloß nicht, dass ich auf eine so schwindlige Figur wie dich hereinfalle. Ich kenne deine unsauberen Spielchen.«

Natürlich war mir bewusst, dass hier die Krankheit redete. Trotzdem war es oft bitter, zu Unrecht so angeschnauzt zu werden – und umso bitterer für Menschen, die fachlich unerfahren waren und meinen Vater weniger gut kannten und ihm weniger verpflichtet waren.

»Geh weg! Wenn du mich nicht in Ruhe lässt, hole ich ein Gewehr und schieße dir den Arsch weg!«

Das hatte er zu mir gesagt. Ich fand es zum Lachen, weil es mich an meine Kindheit erinnerte, als ich anderen mit meinem großen Bruder gedroht hatte. Aber die eine oder andere Betreuerin des Vaters tat sich schwer, aus solchen Sätzen nur die schlichte Botschaft herauszulesen, dass mein Vater in einer Welt aus fremden Gesichtern lieber in Ruhe gelassen werden wollte.

Daniela war fast drei Jahre bei uns. Sie schwor bis zuletzt, dass sie so leicht keinen anderen Platz finden werde, an dem es ihr so gut gefällt. Für sie war der Vater ein zwar kranker, aber intelligenter und immer zu Späßen aufgelegter Mensch. Sein Gehirn spielte ihm zuweilen Streiche, doch sie kannte ihn lange genug, um zu wissen, er ist tatsächlich ein harmloser *armer Schlucker*.

Alle drei Wochen musste Daniela abgelöst werden, damit

sie nach Hause in die Slowakei fahren konnte. Unglücklicherweise schaffte es während zweier Jahre keine ihrer Kolleginnen, eine ähnlich gute Beziehung zum Vater aufzubauen. Diese Betreuerinnen blieben jeweils nur kurz, in den allermeisten Fällen konnte ich es verstehen.

Denn allzu oft verhielt sich der Vater ablehnend und verweigerte sich von früh bis spät. Er neigte dazu, Menschen wegzuschicken, die ihm fremd waren und ihn verwirrten. Die meisten seiner Betreuerinnen redeten ihm zu viel und im falschen Tonfall, wie mit einem Kind. Und weil der Vater weiterhin eine beeindruckende Person war mit seinem großen Kopf und seinem ausdrucksstarken Gesicht, schüchterte er seine Betreuerinnen ein. Manchmal, wenn er sich bedrängt fühlte, schubste er sie weg.

Da halfen keine Beteuerungen, der Vater sei eigentlich nett. Und es halfen auch keine Ratschläge, man solle ihm, wenn er schlecht drauf ist, aus dem Weg gehen.

Das sagte sich leicht. Die Betreuerinnen waren keine gelernten Fachkräfte, und nicht jeder Mensch bringt die natürlichen Fähigkeiten mit, die im Umgang mit Demenz nötig sind. Eva, die jüngste Enkelin des Vaters, war das beste Beispiel. Sie kannte den Großvater nicht anders als mit Alzheimer, und die Zuneigung, mit der sie ihm begegnete, war von solcher Unbefangenheit, dass er ganz selbstverständlich darauf ansprach. Weil das Mädchen in ihrem Kopf frei war, war der Großvater es in ihrem Beisein auch.

Ähnliches galt für Daniela. Sie hatte sich ebenfalls von Anfang an sehr gut mit ihm verstanden, sie ging völlig entspannt mit ihm um, und er schien fast ein wenig verliebt in sie zu sein, jedenfalls verscheuchte er mich oft, wenn Daniela bei ihm war. Sie verstand es, ihm das Gefühl zu geben, dass er wichtig war. Sie gab ihm den Einkaufskorb zu tragen, ließ ihn ihr Fahrrad schieben, und er hatte ihr Deutsch beigebracht, sie stundenlang in Aussprache und Grammatik unterwiesen, während er gleichzeitig nicht die Namen seiner vier Kinder hätte nennen können. Auf die Frage, warum er sich so viel Mühe gebe, sagte er, er tue es, damit sie bei ihm bleibe.

So war es wenigstens für die große blonde Frau aus Nitra in der Slowakei ein Grund zum Weinen, als im März 2009 die Entscheidung fiel, dass für den Vater die Zeit gekommen war, ins Heim zu übersiedeln. Anna hatte nach nur einem Dienst das Handtuch geworfen, und die Hoffnung, dass es sich zu Hause nochmals einspielen würde, befand sich nach den Erfahrungen des zurückliegenden Jahres fern aller Wahrscheinlichkeit. Die sich häufenden, von Verweigerung geprägten Tage waren der Strohhalm, der dem Kamel den Rücken bricht.

Die Konvention verlangt, dass man ein schlechtes Gewissen bekommt, wenn man beschließt, ein enges Familienmitglied ins Heim zu geben. Und natürlich verunsichert eine solche Entscheidung. Gleichzeitig schadet es nicht, Konventionen in Frage zu stellen. Das dörfliche Seniorenheim verfügt über qualifiziertes Personal unter guten Arbeitsbedingungen. Allfällige Probleme können untereinander besprochen werden. Dort kennt man den Vater, und nicht erst, seit er krank ist. Dort sieht man in ihm die ganze

Person, jemanden mit einem langen Leben, mit einer Kindheit und Jugend, jemanden, der den Namen August Geiger vor mehr als achtzig Jahren bekommen hat und nicht erst mit Beginn der Krankheit.

Zu Hause war eine Betreuung auf diesem Niveau trotz intensiver Unterstützung durch die Familie nicht mehr möglich gewesen. Auch das Eingestehen einer Niederlage kann ein Erfolg sein. Es brachte nichts, wenn die anderen Familienmitglieder auf der Strecke blieben. Jahrelang hatte sich alles um den kranken Vater gedreht. Wer sich mit eigenen Problemen geplagt hatte, hatte zusehen müssen, wie er damit zurechtkam. Es war anstrengend genug gewesen, dass wir uns praktisch Tag und Nacht über den Vater Gedanken machten. Ständig die Frage: Was kommt als Nächstes? Die Grenzen der Belastbarkeit waren überschritten.

Zu allem Überfluss fühlte sich der Vater ja auch zu Hause nicht mehr daheim.

Der letzte Tag zu Hause begann für den Vater wie jeder andere der Vortage, seit er medikamentös neu eingestellt war – von seiner Unwilligkeit war nichts mehr zu spüren. Er stand auf, trocknete sich nach dem Duschen alleine ab und aß dann langsam und zufrieden sein Frühstück. Es war ein warmer, sonniger Morgen, deshalb brachte ihn meine Mutter, die nach der Kapitulation von Anna angereist war, um den Vater zu versorgen, zu seinem Gartenstuhl vor dem Haus. Von dort aus wechselte er mit vorbeigehenden Nachbarn einige Worte, während meine Mutter Namenszettel an seine Kleider nähte, sogar an die Taschentücher.

Mittags aß er Käsknöpfle, dann legte er sich im Wohnzimmer hin und war wenige Minuten später eingeschlafen. Gegen drei am Nachmittag wachte er auf, trank Tee und half dann, seine Reisetasche zum Auto zu tragen. Anschließend stieg er ein und ließ sich von meiner Mutter zum Seniorenheim fahren.

Ein ehemaliger Gemeinderat saß vor der Eingangstür, erhob sich und hielt die Türe auf, er schien zu wissen, dass die Automatik nicht funktionierte. Der Vater erkannte ihn nicht, er grüßte ihn nur.

In der Eingangshalle saß eine kleine Frau auf der Couch, der Vater sagte »Halleluja!« und hob die Hand. Er ging auf die Frau zu, nahm sie bei der Hand und gemeinsam folgten sie meiner Mutter zur Tür in den Aufenthaltsraum der Pflegestation. Dort begrüßte die Leiterin der Station den Vater und zeigte ihm sein Zimmer, auch die Bilder seiner Großeltern, die dort bereits hingen. Er meinte, er habe die Leute schon gesehen, kenne sie aber nicht. Die Leiterin hatte noch einige Fragen wegen seiner Gewohnheiten und der Medikamente. Dann ging sie mit dem Vater hinaus in den Garten, er setzte sich zu den anderen Bewohnern in den Schatten und schien sich wohl zu fühlen. Nach einiger Zeit verabschiedete sich meine Mutter, mein Vater hob die Hand und winkte.

Als ich ihn einige Tage später besuchte, saß er bei meinem Eintreffen allein an seinem Tisch und sang. Ich wartete ein wenig, dann setzte ich mich zu ihm, wir redeten und spielten Armdrücken. Er legte sich mächtig ins Zeug, sein welkes Gesicht straffte sich zu einem glücklichen Grinsen, er hatte sichtlich Freude und wirkte nicht, als sei er zum Leben nur gezwungen. Seine Heiterkeit mochte durch seine gesundheitliche Lage nicht gerechtfertigt sein. Wen kümmert's.

Ich sagte zu ihm:

»Du bist eh sehr kräftig.«

Er grinste erneut und antwortete:

»Es reicht bei mir nicht mehr, jemanden in den Schnee zu stecken, aber ich bin auch kein *Pappenstieler*. Das wollte ich dir zeigen, sonst hätte ich es gar nicht gemacht.«

Kurz darauf fügte er hinzu:

»Wir haben eh keine andere Wahl, als dass wir uns wehren. Wenn nicht, dann sind wir arme Hunde.«

Für meinen Vater ist seine Alzheimererkrankung bestimmt kein Gewinn, aber für seine Kinder und Enkel ist noch manches Lehrstück dabei. Die Aufgabe von Eltern besteht ja auch darin, den Kindern etwas beizubringen.

Das Alter als letzte Lebensetappe ist eine Kulturform, die sich ständig verändert und immer wieder neu erlernt werden muss. Und wenn es einmal so ist, dass der Vater seinen Kindern sonst nichts mehr beibringen kann, dann zumindest noch, was es heißt, alt und krank zu sein. Auch dies kann Vaterschaft und Kindschaft bedeuten, unter guten Voraussetzungen. Denn Vergeltung am Tod kann man nur zu Lebzeiten üben.

Alexandra erzählt, ihr Großvater behaupte, er werde misshandelt. Als Alexandras Mutter ihn besuchte, versuchte sie ihm diese Idee auszureden. Wenig später kam eine Krankenschwester und wollte ihm die Nasenbrille wechseln, über die er Sauerstoff erhielt. Die Krankenschwester sagte:
»Herr Berlinger, ich schiebe Ihnen jetzt diesen Schlauch in die Nase, das wird ein wenig kitzeln.«
Daraufhin habe der Großvater seine Schwiegertochter angeblickt, mehrfach genickt und in einer Mischung aus Empörung und Ernüchterung gesagt:
»Da hast du's – – sie kitzeln mich!«

Die Großmutter von Tante Marianne sei ebenfalls dement gewesen und habe immer wieder gesagt:
»In meinem Kopf ist es wie in einem Butterfass, es rührt und rührt, und trotzdem kann ich nie eine Butter herausnehmen.«
Tante Marianne, das älteste von sieben Kindern, habe bei der Großmutter schlafen müssen, bis die Nana angefangen habe, nächtens seltsame Reden zu führen. Die Nana habe einen religiösen Wahn entwickelt. Einmal sei der Pfarrer auf Besuch gekommen, er sei ins Zimmer getreten, und die Nana habe gerufen:
»Dieser wüste Pfarrer kommt mir nicht herein! Weiche Satan!«

Katharina erzählt von ihrem Großvater, der ebenfalls dement war. Als der älteste Sohn mit dem Fahrrad zu Besuch gekommen

sei, habe der Großvater einen unbeobachteten Moment abgewar-
tet, habe sich zum Fahrrad geschlichen, sich hinaufgeschwungen
und sei triumphierend davongefahren.

Liliane erzählte von ihrer Mutter, die Alzheimer hatte. Hin und
wieder habe die Mutter sie angeschaut und gefragt:
»Bin ich schon gestorben?«
Einmal habe die Mutter Liliane gebeten:
»Bitte, wenn ich gestorben bin, sag es mir.«
Liliane habe ihr versichert:
»Natürlich, Mama, wenn du gestorben bist, werde ich es dir sagen.«

Wolfgang erzählt, seine Großmutter sei steinalt gewesen und
habe Stärkungsmedikamente bekommen. Im Kühlschrank habe
sie eine Flasche Buerlecithin stehen gehabt. Nicht nur einmal sei
sie zum Kühlschrank gegangen, habe unfehlbar nach der neben
dem Buerlecithin stehenden Flasche Doornkaat gegriffen, sie
aufgeschraubt und einen tiefen Schluck genommen. Sie habe
gesagt: »Schmeckt heute komisch«, dann habe sie zur Vergewis-
serung einen zweiten Schluck hinterhergegossen.

Norbert erzählt von einem Freund, dessen Mutter Alzheimer
hat. Den Sohn erkennt sie seit längerem nicht mehr. Aber wenn
er der Mutter ein Foto von sich zeigt, sagt sie: »Das ist mein
Sohn!« Auch neue Fotos: »Das ist mein Sohn!« Die anwesende
Person jedoch ist ihr fremd.

Wilhelm erzählt von einem Freund, der über Jahre hinweg seine
Fähigkeiten verlor, aber bis zuletzt um drei in der Früh zu sei-

nem Schreibtisch kroch und dort – nichts mehr wusste. Und am Tag sei der Freund dann gesessen, habe Patiencekarten zusammengerollt und sie als Zigarren anzünden wollen.

Ursula erzählt von ihrem Großonkel, August Fischer, einem Jahrgänger der Mutter meines Vaters. In seinen letzten Lebensjahren habe Ursula ihn gelegentlich aus dem Altersheim zu Sonntagsbesuchen ins Oberfeld geholt. Einmal, als es nach einigen Stunden Zeit zum Aufbruch gewesen sei, habe er gefragt: »Muss ich zurück ins Lager?«
Dieser Großonkel war in meiner Kindheit eine Attraktion gewesen. Vorne an der Oberfeldgasse, Richtung Kirche, unmittelbar bevor die Straße steil zum Kirchplatz abfällt, hatte es einen Brunnen mit einem morschen Holztrog gegeben, in den unablässig Quellwasser gelaufen war. Der ledig gebliebene Großonkel hatte sich sommers wie winters in der Früh in diesen Brunnentrog gelegt, überzeugt, dass ihn diese Prozedur gesund erhalten werde. Tatsächlich erbte er nach dem Tod meiner Großmutter als letzter Überlebender des Wolfurter Jahrgangs 1898 die Jahrgängerkasse. Als Kinder hatten wir ihm auf dem Weg zum Kindergarten und zur Schule fasziniert dabei zugeschaut, wie er in dem immer kalten, aus dem Ippachwald herunterkommenden Quellwasser schnaubte und prustete.

Christian erzählt von einer alten Nachbarin, die den Schalter für das Hoflicht nicht mehr gefunden habe. Daraufhin sei sie hinaus vor die Tür und habe die Lampe mit dem Gehstock heruntergeschlagen.

dtv
premium

Literatur

Es gibt immer eine zweite Chance

Übersetzt von Pieke Biermann
Deutsche Erstausgabe
340 Seiten € 14,90 [D] ISBN 978-3-423-**24918**-8
Auch als eBook erhältlich

Andrea Bajani
Liebe und andere Versprechen

Roman

dtv
premium

© Nohemy Adrian

Als Pietros Liebesbeziehung zu Sara zerbricht, sieht er sich mit den blinden Flecken seiner Vergangenheit konfrontiert: Was hat Sara ihm verheimlicht? Weshalb wird sein Großvater Mario seit Jahren von der Familie totgeschwiegen?

»Ein einzigartiges Buch.«
Antonio Tabucchi

Wieder einmal zog die Krankheit die Krallen ein. Der Vater zeigte keine Spur mehr von der Angespanntheit und Getriebenheit der zurückliegenden Monate, ich hatte täglich den Eindruck, er fühle sich wohl. Er war zu Scherzen aufgelegt, machte den Kasper, strahlte sein Gegenüber an, war aufmerksam und entgegenkommend.

Seine Regungen kamen spontan und schnell, er wirkte in keiner Weise durch Medikamente hinuntergedimmt. Er ging positiv mit seiner Situation um, hatte Spaß an den eigenen Späßen und gab jedem, der wollte, gute Ratschläge.

Zu Werner habe er gesagt:

»Von mir kannst du nur lernen.«

Wahrnehmungsstörungen traten weiterhin auf, er halluzinierte, aber dezenter.

»Hast du die kleinen Männlein auch gesehen?«, fragte er Katharina.

»Ja, klar, die sind gerade dort um die Ecke gebogen.«

Das war's schon wieder.

Erwiesen sich die Halluzinationen als ausnahmsweise hartnäckig, wurde Eva geholt. Sie ging auf den Großvater zu, umarmte ihn, schon war die Welt wieder in Ordnung. Alle lachten verdutzt.

An seiner Leistungsfähigkeit hatte der Vater weiterhin viel auszusetzen, er beklagte, dass er ein »Dodl« sei, aber zwischendurch sagte er:

»So saudoof bin ich auch wieder nicht, dass ich gar nichts könnte.«

Auch brachten ihm seine Schwächen jetzt häufig die Vergangenheit in Erinnerung, in der er »stolze Freuden« erlebt habe.

»Früher, wenn ich etwas Gutes gemacht habe, hat es mich gefreut. Ich war nicht wild drauf, all diese Arbeiten zu tun, aber ich habe gewusst, dass es wichtig ist, und es hat kaum jemanden gegeben, der in diesen Dingen so gut war wie ich. Überall, wo ich dabei war, habe ich es tschack-bumm erledigt. Das war nicht immer schön, aber angenehm. Auch du bist immer gut mit mir gefahren.«

»Ich bin sehr gut mit dir gefahren.«

»Du lachst. Aber wir sind tatsächlich gut miteinander gefahren. Wenn wir einander nicht gehabt hätten, wären wir elend erschossen gewesen. Das waren nicht nur Sachen, die man vom Blatt herunter hat machen können, nur die halben Sachen habe ich vom Blatt herunter machen können. Aber nicht alle. Auf das war ich stolz, weißt du, das waren Dinge, aus denen die wenigsten einen großen Vorteil herausgezogen hätten. Aber wir schon! Und es hat mir Freude gemacht, weil ich gewusst habe, das kann ich, Dinge, wo man mit Denken hat arbeiten müssen. Solche Sachen habe ich genommen und – immer gelungen! Den Weg, wie man komplizierte Sachen in die richtige Richtung drehen kann, das war – – darauf war ich spezialisiert. Wie ich das eingerenkt habe mit allen Schikanen. Und du hast gesehen, dass ich dabei eine glückliche Stimmung gehabt habe, alles andere wäre hoffnungslos gewesen. Das habt ihr doch auch gespürt, dass ich es gern getan habe und dass ich gute Meinungen hatte zu dem, was war? – Ich weiß, jetzt ist nicht mehr viel da. Jetzt ist nicht mehr viel da. Kleinigkeiten habe ich noch, aber das ist so viel wie *null*. – Aber die Tätigkeiten früher, die verschiedensten Sachen, die waren gut. Ich weiß nicht, wer die alle gebracht hat, wer das alles gemacht hat. Ich glaube, du warst beteiligt. Und Emil. Und ich, ich habe das Glump gleich weg – und das nächste gleich rein. – Wenn ich denke, was das für eine Arbeit war! Und wenn es gutgegangen ist, mein Gott, hat mich das stark gemacht!« Er ballte die Fäuste und zog sie grinsend zur Brust heran. »Weißt du, ich habe mich nicht unbedingt für einen Trottel gehalten, ich habe gewusst, wenn ich mich anstrenge, bringe ich etwas zusammen. – Und einmal ist einer gekommen und hat mich gelobt, weil ich es richtig gemacht habe. Er ist gekommen und hat mich gelobt. Es war mein Stolz, wie ich das gemacht habe. Weil, so intelligent bin ich schon gewesen, dass ich mir gedacht habe: *Halt! Das ist ein Volltreffer!*«

Und ein anderes Mal sagte er:

»Die *Glücker*, die wir gehabt haben, sind nicht nur Zufall gewesen. – – Es sind auch immer Glückssachen dabei. Aber nicht alle Glücker sind Glückssachen. Wir waren«, er fuhr mit dem rechten Daumen über die Spitzen von Zeige- und Mittelfinger, »geschickter als andere. Deshalb dürfen wir uns nicht beklagen.«

Ich selber beklagte mich tatsächlich nicht, denn ich konnte wieder einen zuversichtlichen Blick in die Zukunft werfen. Alle Anspannung war wie weggeblasen, ich fand mich in einer für mich ungewohnten Klarheit der Verhältnisse, familiär, privat, beruflich. Es war eine Atempause eingetreten. Wir waren wieder auf die Füße gefallen.

Die Tage davor hatten meist mit enttäuschten Hoffnungen geendet, vor allem während meiner Aufenthalte in Wolfurt. Die nächtlichen Gedanken hatten eine finstere Macht über mich ausgeübt, schon in der Früh war ich abgekämpft gewesen und mittags hundsmüde. Selbst in Wien, weit weg von Wolfurt, war es nicht ratsam gewesen, an zu Hause zu denken. Jetzt hingegen fühlte sich der Alltag wieder normal an, und ich freute mich auf die Sommerwochen im Elternhaus als Entschädigung für einen miserablen Winter und Frühling.

Mein fünfter Roman war mir geglückt, und eine lange nicht erlebte Leichtigkeit ergriff Besitz von mir. Das fiel mir spätestens auf, als ich schon am Tag meiner Ankunft bis in die alleroberste Astgabel des Kirschbaums kletterte. Dort war ich nicht mehr gewesen, seit ich mir bei einer ähnlichen Zirkusnummer drei Rippen gebrochen hatte.

Was für eine Befreiung, wieder Lebensfreude zu spüren. In der Früh aufzuwachen und zu wissen, dass ich in der Lage sein werde, den Tag zu genießen – das war eine elementare Veränderung.

In den Jahren davor war ich in Wolfurt nie sehr unternehmungslustig gewesen. Weil es jederzeit zu Zwischenfällen hatte kommen können, hatte ich mich ans Haus gebunden gefühlt. Ein Tag nach dem anderen war vergangen, zäh und doch unberechenbar, weshalb man im Dorf wenig von mir gesehen hatte. Jetzt hingegen verfügte ich nicht nur über Zeit, sondern auch über Energie. Ich rief die Geschwister und ehemaligen Arbeitskollegen des Vaters an und sagte, ich wolle mit ihnen reden für ein Buch, das ich schreiben werde.

Die Gespräche fanden meist am Abend statt. Tagsüber besuchte ich ein- oder zweimal den Vater.

Vom ersten Tag an war er ausgeglichen, entspannt und aufmerksam. Er stellte Fragen nach meinem Befinden und meinen Plänen. Er selber sei im Großen und Ganzen zufrieden, warte aber auf den richtigen Moment, um abzuhauen.

Er sagte verschwörerisch:

»Dann siehst du mich hier nicht mehr.«

Er lehnte sich zurück und lächelte in sich hinein.

Er war mager geworden und fiel aus den Kleidern. Er hatte jetzt eine andere *Kragenweite,* aber noch dieselben Hemden. Er war nach wie vor geschickt. Ich sah eine außerordentliche Schönheit darin, wie er sich mit zwei Fingern den obersten Knopf seines Hemdes auf- oder zumachte, beiläufig, ohne seine Gedankengänge zu unterbrechen. Mir gefiel der Vater als Ganzes, der ganze Mensch. Ich fand, er schaute gut aus, er war gut drauf. Mir kam die Redewendung in den Sinn: *Etwas in Schönheit beschließen.*

Wenn er so weitermachte, traf am Ende auf ihn zu, was ich einmal in einem Roman von Thomas Hardy gelesen hatte. Dort hieß es über einen alten Mann, er nähere sich dem Tod wie eine Hyperbel der Geraden, ganz langsam die Richtung so verändernd, dass trotz allernächster Nähe unklar war, ob die beiden einander je treffen würden.

Die Absicht meines Vaters war tatsächlich, noch ein bisschen weiterzuleben. In diesem Punkt bezog er klar Position.

Es war ein Dienstag, als ich Mitte des Nachmittags in den Aufenthaltsraum der Pflegestation trat. Der Vater saß am Tisch eines Mitbewohners, den er wenige Tage zuvor gefragt hatte:

»Und wer bist du?«

»Ich bin der Ferde«, hatte der Mann gesagt.

Worauf der Vater gegrinst und geantwortet hatte:

»Ich glaube eher, du bist ein Pferdle.«

Die beiden unterhielten sich lange. Mit Staunen und Freude stellte ich fest, dass das, was sie zustande brachten, ein gutes Gespräch war, jeder am Gegenüber interessiert, wenn auch mit Einschränkungen aufgrund der jeweiligen krankheitsbedingten Unzulänglichkeiten.

Ferde sagte, er sei oben bei Petrus gewesen, dort sei es sehr schön, die hätten lauter neue Wohnungen. Der Vater antwortete:

»Das ist nicht das, was mir vorschwebt, ich würde lieber ein wenig spazieren gehen und schauen, ob ich jemanden treffe, mit dem ich reden kann.«

Ferde: »Das geht dort oben natürlich nicht.«

Während der Vater und Ferde sich unterhielten, riefen zwei Frauen abwechselnd nach der Schwester, um Hilfe, dieses und jenes. Der Vater ignorierte die Hilferufe oder blendete sie aus, keine Ahnung. In seinem fröhlichen Gesichtsausdruck war keinerlei Änderung festzustellen, er drehte auch nicht den Kopf, er war ganz auf Ferde und mich konzentriert und schenkte dem, was hinter ihm passierte, nur dann seine Aufmerksamkeit, wenn Ferde sich den Frauen zuwandte. Mit wortkarger Energie warf Ferde den Frauen bissige Bemerkungen zu, er war so etwas wie der Schopenhauer der Station.

»Hilfe! Hilfe! Hilft mir denn niemand!«

»Sei still da drüben!«

»Ich will nach Hause!«

»Dann bestell dir ein Taxi!«

»Ich brauche einen Doktor!«

»Der hat schon Feierabend!«

»Lieber Herr Doktor!«

»Der ist zu Hause bei seinem Schatz!«

»Ich brauche Hilfe!«

»Dir kann niemand mehr helfen!«

Frau beschämt: »Oh, das wusste ich nicht –«

Was mich erstaunte: Beide Frauen, obwohl aus Wolfurt und Umgebung, brachten ihre Klagen hochdeutsch vor, als wollten sie so die Ernsthaftigkeit ihrer Nöte unterstreichen.

Auch der Vater redete mit Ferde meistens hochdeutsch, aber ganz entspannt, als ginge es ihm um die Seriosität der Inhalte.

Am Tisch im Rücken meines Vaters lasen zwei Frauen Zeitung, sie ließen sich ebenfalls nicht stören. Für mich war es beunruhigend, dass jemand um Hilfe flehte und Ferde seine Zwischenrufe anbrachte. Aber da das Pflegepersonal und die anderen Bewohner es nahmen, als komme der Kuckuck aus der Uhr, versuchte ich es ebenso zu halten.

Ein wenig empörend fand ich, dass eine der zeitunglesenden Frauen an anderen Tagen, wenn mein Vater ein Liedchen sang, nicht ungern rief:

»Hallo? Hallo? Der soll still sein!«

Jetzt sagte mein Vater zu Ferde:

»Die Zeiten ändern sich, aber nicht mehr lange.«

Er sagte es entschieden, in einem Tonfall zwischen Bedauern und Fatalismus.

Ferde: »Ich könnte über alle Berge gehen. Ich würde gerne wieder einmal auf die Alpe. Und dann hinunter die Rickatschwende.«

Vater: »Da geh ich nicht mit.«

»Warum nicht?«

»Weil ich nichts bin.«

»So viel bist du immer noch.«

Der Vater grinste: »Ich glaube nicht.«

Ferde: »Du musst nur wollen.«

Vater: »Groß ist das Wollen bei mir nicht. Aber die Hoffnung ist vorhanden. – Ich war einer, der war in seinem Leben viel auf den Füßen.«

Ferde sagte etwas, das mir entging. Dem Vater war anzusehen, dass er Zweifel hatte, er erwiderte:

»Gut, ich habe das zur Kenntnis genommen. – – Was tun wir jetzt? Rosenkranz beten?«

Ferde: »Nein!«

Vater: »Das würde zu lange dauern.«

»Und nichts bringen. Kannst du überhaupt Rosenkranz beten?«

»Ich glaube, ja.«

»Also, wie geht das? Mach vor!«

Der Vater wiegte den Kopf und wechselte das Thema.

Als es dann wieder darum ging, dass mit dem Vater nicht mehr viel los sei und es nicht mehr lange so weitergehen werde, sagte Ferde:

»Ja, dann legen sie dich in die Kiste, und ab in die ewigen Jagdgründe.«

Vater: »Ich würde lieber noch ein wenig – *schnattern*. Weißt du, ich kann keine Wege mehr bahnen. Aber ich kann hierhin und dorthin, da kannst du manches sehen und aufschnappen.«

Ferde sagte wieder, er sei oben bei Petrus gewesen und habe sich dort umgeschaut, es würde ihm dort oben gefallen, aber Petrus habe gesagt, er, Ferde, stehe nicht auf der Liste.

Ferde sagte: »Dort oben haben sie lauter neue Wohnungen. Dorthin musst du gehen.«

Der Vater sagte nochmals: »Das ist nicht das, was mir vorschwebt, ich würde lieber ein wenig gehen und mich umschauen.«

Ferde: »Du hast dein Leben auch abgedient.«

»Und du? Willst du noch ein Weilchen so weitermachen?«

Ferde lächelnd: »Ein paar Jährchen würden mir schon gefallen.«

»Ja, man sieht dir an, du bist eigentlich noch ganz kräftig.«

Der Vater machte den obersten Hemdknopf seines blauen, leicht gemusterten Flanellhemdes auf. Als der Knopf offen war, legte er den Kragen so, dass er möglichst weit offen stand. Lächelnd sagte er:

»Ich muss da ein wenig Luft heranlassen.«

Am selben Tisch saß ein schmaler Mann im Rollstuhl, die meiste Zeit bewegte er langsam die Füße, als mache er Schritte, währenddessen blieben Gesicht und Oberkörper still. Mein Vater sagte zwischendurch zu ihm, ein wenig erstaunt:

»Das, was du tust, ist nicht sehr ergiebig.«

Ferde: »Der rennt den ganzen Tag, aber im Geiste, er rennt an einem Tag um ganz Österreich herum.«

Vater: »Bei mir die unteren Teile«, er griff sich an die Oberschenkel, »die sind schlapprig. Die unteren Teile sind für mich maßgebend.«

Ferde: »Deine unteren Teile sind noch intakt.«

Vater: »Ich denke schon.«

Ferde: »Wie alt bist du jetzt, August?«

Vater: »Sollte ich das wissen?«

Ferde: »Eigentlich schon.«

Ich half dem Vater und sagte, er werde demnächst dreiundachtzig. Er bedankte sich sehr herzlich:

»Du, danke, das ist nett von dir. Das rechne ich dir hoch an.«

Ferde: »Wir sind halt auch nicht mehr zwanzig.«

Vater: »Meine Mutter ist auch noch gut. Aber sonst –«

Die Frau, die auf der Couch lag, rief:

»Heilige Schwester! Heilige Schwester! Heilige Schwester! Kommen Sie und helfen Sie mir!«

Ferde: »Die Schwestern sind heute nicht mehr heilig!«

Andere Frau: »Ich bin so müde! Ich bin so müde!«

Ferde: »Dann geh schlafen! Geh in dein Zimmer und schlafe!«

Frau auf der Couch: »Ich habe doch nichts getan! Heiliger Gott, hilf mir! Heiliger Gott!«

Ferde: »Gib uns die Gnade!«

Vater überrascht und erfreut: »Wirklich?«

Frau: »Warum? Warum?«

Ferde: »Warum nicht!«

Vater: »Du würdest auch noch ein Vaterunser beten, wenn sie dich arbeiten ließen. Du schaust aus, als ob du noch ziemlich kräftig wärst und als ob du noch wollen würdest.«

Ferde: »Ja, wollen würde ich schon.«

Vater anerkennend: »Du bist noch sehr kräftig und solide.«

Ferde lachte: »Ich bin solid geworden!«

Er berichtete, dass er am Vormittag mit der Rettung nach Feldkirch ins Krankenhaus gefahren worden sei. Es habe ihn gejuckt, zum Fahrer, einem jungen Hupfer, zu sagen: »Weg mit dir, lass mich ans Steuer!«

Die beiden redeten übers Ausreißen. Dann fing Ferde wieder davon an, dass er oben bei Petrus gewesen sei, aber noch nicht auf dessen Liste.

»Gefallen hätte es mir dort schon.«

Vater: »Ja, die Situation dort oben ist bestimmt ganz gut. Ich bleibe trotzdem lieber in Wolfurt.«

Als das Essen aufgetragen wurde und ich mich verabschiedete, sagte der Vater:

»Ja, geh du nach Hause. Ich kann dir nur den einen Rat geben: Daheim bleiben und nicht fortgehen!«

Als ich das erste Mal auf die Pflegestation gekommen war, hatte ich einen Augenblick lang Mitleid für alle Menschen empfunden, die gelebt hatten, lebten und noch leben werden. Mit der Zeit jedoch gewöhnte ich mich an die eigenwillige Situation, und schließlich fand ich diese Lebensweise auch nicht seltsamer als andere Lebensweisen. Aufgrund der ständigen Wiederholungen herrschte im Großen und Ganzen eine ruhige und gleichmäßige Geschäftigkeit. Auch das gutturale Brummen und kehlige Rufen eines der Mitbewohner, das mich anfänglich irritiert hatte, klang, nachdem ich das herzliche Wesen des Rufers kennengelernt hatte, vertraut und angenehm.

Meine Geschwister hielten die Atmosphäre im Aufenthaltsraum der Pflegestation nicht gut aus, sie nahmen den Vater so oft wie möglich mit nach draußen. Wenn ich von meiner Schwester wissen wollte, was es von ihren vielen Besuchen zu berichten gebe, winkte sie ab, meine Strategie sei es, davon zu erzählen, ihre Strategie sei es, das, was sie dort erlebe, sofort zu verdrängen. Sie sei froh, wenn sie, fünf Minuten nachdem sie zur Tür raus sei, alles vergessen habe, je eher, desto besser, sie finde es nicht interessant, sondern zum Weinen. Wenn sie das, was ich schreibe, lese, gehe es ganz gut, dann könne sie darüber schmunzeln. Doch die Situation selber sei ein Horror.

Und wenn mein jüngerer Bruder sagte, er gehe besser gar nicht erst hin, weil er es nicht könne, dann kann er es eben nicht. Damit steht er nicht allein. Wir holten den Vater regelmäßig ins Oberfeld.

So verschieden sind die Menschen, oder, wie der Vater es ausdrücken würde: *Der liebe Herrgott hat halt die unterschiedlichsten Kostgänger.* Auf mich wirkte das Milieu des Pflegeheims sympathisch und bereichernd, das Personal nett und unaufgeregt, Frauen aus dem Ort, alle per du. Die meisten Bewohner strotzten vor Leben, auf eine sehr elementare Art. Und wenn die Welt draußen sie auch nicht mehr recht zu ihresgleichen zählte, war ich doch der Meinung, dass sie gut zu mir passten.

Ausgerechnet bei meinem letzten Besuch Ende des Sommers war der Vater nicht gut drauf. Bereits vor dem Haus empfing mich eine Pflegerin, die von den Philippinen stammte, mit den Worten:

»Ach, zum Glück, Arno kommt. August will schon seit Stunden nach Hause.«

Ich ging zu ihm hinein und nahm ihn hinaus in den Garten. Er sagte, er sei sehr traurig über seine Situation, ihm gelinge nichts. Er komme in seinem Bemühen, nach Hause zu gelangen, keinen Schritt vorwärts. Er ließ den Kopf hängen und klagte gottserbärmlich, vielleicht hatte es damit zu tun, dass er am Wochenende zweimal im Oberfeld und am Tag davor mit seinen Geschwistern in seinem Elternhaus gewesen war. Tante Marianne, die Frau von Robert, hatte mir erzählt, es sei wunderschön gewesen, alle hätten sich gefreut, ihn zu sehen, und sie hätten sich auch nicht um Gesprächsstoff *verkopfen* müssen. Paul müsse man zum Erzählen ja nicht extra auffordern. August habe Paul die ganze Zeit fasziniert und aufmerksam zugehört.

Jetzt, bei meinem Besuch am Abend, hielt mich mein Vater für diesen Paul, er fragte mich wiederholt, wie es weitergehe, ob ich ihm helfen könne, nach Hause zu gelangen, er war ganz apathisch vor Kummer und sagte immer wieder, wie traurig er sei. Ich bemühte mich, ihn zu beruhigen, wir hätten es nicht eilig, ein Weilchen würden wir noch sitzen, dann brächen wir auf. Er fragte erstaunt und mit einer gewissen Scheu, ob wir dann tatsächlich nach Hause gehen würden. Ich bestätigte, ja, wir würden noch auf Helga warten, dann machten wir uns auf den Weg. Zwei- oder dreimal berührte er ganz leicht mit dem Handrücken und einmal mit der Handinnenseite meine Wange und bedankte sich, so glücklich machten ihn meine Auskünfte. Ich hatte eine Schale mit Himbeeren mitgebracht und gab ihm die Himbeeren Stück für Stück. Später gingen wir in sein Zimmer und hörten Musik. Zwischendurch redeten wir ein wenig, er konnte sich weiterhin nicht trösten, war aber froh, einen Bruder bei sich zu haben. Nach einiger Zeit hatte ich das Gefühl, er habe sich beruhigt und denke nicht mehr so sehr ans Heimgehen. Und da die Schlafenszeit herangerückt war und ich packen musste für die Abreise, stahl ich mich davon. Ich brachte es nicht übers Herz, mich von ihm zu verabschieden, wortlos ging ich weg und fühlte mich elend. Beim Gehen über den Flur wäre ich am liebsten zurückgerannt, ich dachte an den Ausdruck: *Man reißt sich los.*

Das ist deine Werkstatt. Fällt dir etwas dazu ein?

Ja, da hat man vieles aufbewahrt, weil man gedacht hat, man braucht es noch. Da sind überall Sachen, die älteren Datums sind. Und du, du arbeitest?

Ich hole mir manchmal einen Schraubenzieher oder eine Feile. Ich arbeite gern mit deinem Werkzeug.

Ich nicht mehr. Bei mir ist es so, dass viel Geistiges irgendwie abhandengekommen ist. Wenn es noch da wäre, hätte ich auch eine Freude daran.

Ich habe eine Freude an dir.

Dann ist es recht. Ich fühle mich nicht verlassen oder enttäuscht. Ich habe Verschiedenes erlebt und Verschiedenes gehabt und Verschiedenes erreicht. Es ist nicht so schlimm, dass jetzt nur mehr wenig Leistung in mir vorhanden ist.

Ich finde, du unterschätzt dich. Ich unterschätze dich nicht. Es ist noch viel vorhanden, wenn auch vielleicht nicht Leistung im herkömmlichen Sinn.

Ja, ja, früher habe ich noch manchmal etwas gemacht, Dinge,
denen meine Ideen zugrunde gelegen sind, aber jetzt ist es
schwach. Aber egal. Wenn ich beleidigt oder enttäuscht wäre,
würde ich euch fragen, ob ihr mir helft. Aber ich bin ganz
zufrieden. Ich habe vieles gehabt. Aber heute mag ich – schon
geraume Zeit – nicht mehr. Es geht schon länger abwärts mit
meinem Tun und Können. Als Jüngerer, da bin ich auch schon
erwachsen gewesen, da habe ich vieles gekonnt. Jetzt kann ich,
ehrlich gesagt, nichts mehr. – – Nee – – nee. – – Es geht alles
daneben. Wobei ich aber durchaus nicht unglücklich bin, dass
ich manches nicht mehr beherrsche. Es ist einfach vorbei. Ich
kann noch Freude haben, wenn anderen etwas gelingt. Aber
meine Federn, die sind fort.

Das Haus hatte seinen Zweck erfüllt. Die Kinder waren darin groß und erwachsen geworden, und dann hatte der alte Kasten noch gehalten, bis der Vater ins Pflegeheim übersiedelt war. Jetzt war alles abgewohnt und aus der Mode gekommen, und mehr als nur eine Stelle bereitete uns Sorgen. Der Vater hatte das Haus auf eigene Faust gebaut, nach dem eigenen Kopf. Seit den siebziger Jahren hatte er immer wieder an- und umgebaut. Was soll ich sagen? Solche Häuser sind immer auch indirekte Selbstporträts.

Dem Haus haftete der Eindruck des Behelfsmäßigen und Geflickten an. Bei den An- und Umbauten hatte der Vater meist erst um Unterstützung gebeten, wenn es zu spät gewesen war. In seinem Job hatte er über Jahrzehnte hinweg alles Wissen besessen, das nötig gewesen war, um unabhängig arbeiten zu können. Bei den Arbeiten am Haus hatte er darauf vertraut, ähnlich sachkundig zu sein, mit nicht ganz so durchschlagendem Erfolg. Stellenweise ließ das Ergebnis sehr zu wünschen übrig. Hinzu kam, dass der Vater nach und nach eine geradezu pathologische Abneigung gegen jegliches Wegwerfen entwickelt hatte. Das Wegwerfen blieb jetzt den Kindern überlassen.

Der dreiundachtzigste Geburtstag des Vaters fiel auf ein Wochenende. Da alle Familienmitglieder anwesend waren, veranlasste die Mutter, dass am Freitag ein großer

Container vor das Haus gestellt wurde. Wir beabsichtigten, das Haus zu entrümpeln.

Die Arbeit ging umstandslos und zügig voran. Allen wurde leichter ums Herz, je mehr sich die Stauräume leerten und je mehr Garten und Garage wieder herzeigbar wurden. Enttäuschend war, dass der Container für unseren Tatendrang bei weitem nicht reichte, kaum hatten wir uns dreimal umgedreht, war er voll. Die obersten Regionen des Hauses hatten wir noch gar nicht angetastet, und auch im Keller stapelte sich weiterhin Zeug, das als möglicherweise nützlich für spätere Zeiten gehortet, mit der Zeit jedoch vollends nutzlos geworden war. Ein Nachbar, von dem wir wegen der Vorhersage von Schlechtwetter eine Plane zum Abdecken liehen, hatte uns vorgewarnt. Beim Ausräumen seines Elternhauses hätten sie zwei Container benötigt.

Der zweite Container stand Ende August vor dem Haus. Mittlerweile hatte meine Schwester eine eigene Plane gekauft, denn wieder war Regen vorhergesagt. Deshalb machten wir einen großen Teil der Arbeit schon am Freitag, die Mutter und Katharina mit dabei – jetzt kam der Dachboden an die Reihe. Das Haus ist relativ hoch, mit den Fenstern unter dem Giebel etwa acht Meter über Straßenniveau. Von einem der Fenster in Peters ehemaligem Zimmer warfen wir fast alles, was seit Jahren und Jahrzehnten im Dachboden vor sich hingedämmert hatte, in den Garten hinunter – Bretter, Rigipsplatten, Kartons mit abgelegter Kleidung, die alten Stockbetten, Türblätter, Kommoden, Teppiche, Koffer, alte Fensterläden, alte Federbetten und Matratzen, auch einige Möbel, die beim Aufprall auseinanderplatzten. Zertrümmert lagen sie im Garten wie Betrunkene.

Unter den Brettspielen das *Spiel des Lebens*. Weg damit und fertig, die Geschichte hat sich.

Von Samstag auf Sonntag regnete es, doch Sonntagnachmittag schien wieder die Sonne, so dass wir die Arbeit fortsetzten. Die Mutter holte den Vater nach Hause, es herrschte eine fröhliche Atmosphäre, der Vater schien mit seiner Welt im Reinen. Als ich mit ihm über die Terrasse ging und meinen Arm auf seine Schulter legte, schaute er mich schelmisch an und sagte:

»Aha, jetzt hast du also gleich mein Gestell gesucht, damit du fauler Sack dich ein wenig aufstützen kannst.«

»Für mich wäre es angenehm gewesen, das gebe ich zu.«

Später, als wir wieder arbeiteten, sagte er:

»Ich helfe euch, wenn ihr mich wirklich braucht. Aber die Betonung liegt auf dem *wirklich*! Also, ich habe es euch gesagt, und jetzt prüft es und schaut, wie ihr damit zurechtkommt. Ich glaube, ihr seid schlau genug.«

Schon zu Mittag hatte er Helga und mir erklärt, wie geschickt er die Gartenmauer vor dem Haus gebaut habe und wie wohldurchdacht er beim Bau des Hauses vorgegangen sei. Er war in *aufgeräumter Stimmung*, sehr eloquent, und genoss es, dass wir ihn in höchsten Tönen lobten.

»Ja, von dir können wir nur lernen!«

Natürlich konnten wir von ihm auch lernen: dass man

besser nicht alles aufbewahrt, was irgendwie den Gedanken zulässt, dass es eines fernen Tages noch einmal benötigt wird. – Der Kontrast zu seinem Zimmer im Altersheim war schockierend. Dort lebte er räumlich sehr eingeschränkt ohne die Möglichkeit, noch etwas horten zu können. Und was brauchte der Mensch denn an Dingen bis zu seinem Tod? Daran dachte ich während des Ausräumens oft. Denn selbst im Haus befand sich nur eine Handvoll Besitz, in den das Leben des Vaters so tief eingraviert war, dass wir es unbedingt behalten wollten. Das meiste, was wir aus den Ecken holten, war schlicht und ergreifend Gerümpel.

Sonntagabend, als es schon zu dunkeln begann, machten sich alle vier Kinder des Vaters im Keller zu schaffen. Peter, Helga und Werner in der Werkstatt, ich im Vorratskeller. Dort fand ich eine alte Kaffeemühle, einen Schnitzelklopfer aus Holz, alte Lampenschirme, die Trommel der ersten Waschmaschine meiner Eltern, leere Weinkartons und Bastelzeug. Vom vielen Staub und Schimmel musste ich niesen. Ich öffnete das schmale längliche Fenster unter der Decke, unmittelbar über Straßenniveau. Durch dieses Fenster waren Peter und ich ins Haus eingestiegen, als wir im Alter von dreizehn und zehn Jahren aus dem Schnorchelurlaub mit der Naturschutzjugend zurückgekehrt und um eins in der Nacht vor der Tür abgesetzt worden waren. Ich hatte mich zu meinem Bett geschlichen, in dem Helga lag, vermutlich war ihr eigenes Bett an Feriengäste vermietet. Ich kroch zu ihr unter die Decke, sie wachte auf und sagte, Onkel Alwin sei gestorben und schon begraben;

der Mann von Mile. Es hatte mich schockiert, dass in meiner Abwesenheit solche Dinge passierten, dass Begräbnisse stattfanden, dass ein Onkel einfach verschwand.

An Ereignisse wie dieses erinnerte ich mich jetzt, verschlafene Echos, die wir aus staubigen Winkeln schreckten.

Als Helga aus der Werkstatt zwei Fallen zum Fangen von Feldmäusen brachte und fragte, ob man die noch brauche (nein, in Wolfurt gibt es fast keine Feldmäuse mehr, die kann man unter Naturschutz stellen) – da dachte ich an das, was Onkel Paul geantwortet hatte auf meine Frage nach dem größten Talent meines Vaters:

»Mäusefangen!«

Im Frühling 1939 habe die Gemeinde für jede gefangene Feldmaus einige Pfennige gezahlt. August und Paul hätten sich jeder mit Mäusefangen ein eigenes Fahrrad verdient, ein *NSU* und ein *Viktoria*. Paul sei nur der Gehilfe gewesen, August der Kopf. Neben den eigenen Wiesen hätten sie die Wiesen eines Nachbarn bejagt.

Sammeln war positiv besetzt. Auch für das Kilo Maikäfer gab die Gemeinde einige Groschen. Josef und Robert seien mit Schüttelstangen und einer Plane an die Kante des Oberfelds längs der Bregenzer Ache gegangen, wo es zahlreiche Laubbäume gab, und hätten an einem Tag vierzig Kilo Maikäfer zusammengetragen – für Kinder die einzige Möglichkeit, zu eigenem Geld zu kommen.

Mit kräftigen Besenschwüngen fegte ich auch den Staub zur Tür hinaus. Abends um halb zehn war die Arbeit erledigt. Wir deckten den Container nicht ab, denn der Himmel stand voller Sterne. Ich ging hinunter in die Terrassenwohnung, die ich dank der unübersichtlichen Machtverhältnisse im Haus schon als Dreizehnjähriger bezogen hatte. Das Haus war jetzt still. Meine Mutter hatte sich in die oberen Regionen zurückgezogen, Katharina war am Samstag mit dem Nachtzug zurück nach Wien gefahren. Ich setzte mich an den Laptop und machte mir Notizen über das Vorgefallene. Da erinnerte ich mich, dass Werner beim Aufräumen der Werkstatt eine Bemerkung gemacht hatte, die mich kurz hatte aufhorchen lassen. Er habe im kleinen Regal an der Wand zum Vorratskeller verschiedene Papiere gefunden, teils sehr private Dinge, die er sich gar nicht näher anschauen wolle.

Ich ging hinüber in die Werkstatt. In einem Stapel sehr unterschiedlicher Dokumente fand ich eine Mappe, in die dreizehn Blätter eingelegt waren. Auf diesen Blättern hatte der Vater im Alter von vierundzwanzig Jahren seine Erinnerungen an das Kriegsende festgehalten. Die Mappe lag dort ungelesen seit Jahrzehnten, ich hatte nicht einmal gewusst, dass es diese Aufzeichnungen gibt.

Durch den schummrigen Gang taumelte ich zurück in die Küche, setzte mich vor die Blätter und las. Der Krieg, der dem damals Achtzehnjährigen nichts bedeutet hatte und der für ihn ein gestohlenes Lebensjahr gewesen war, wurde rasch abgehandelt, erst mit dem Absetzen von der Front verlangsamte sich das Erzähltempo. Detailliert wurde die Zeit im Lazarett und die mühselige Heimkehr beschrieben, als der Vater immer auf der Suche nach Menschen war, die Vorarlberger Dialekt redeten und die er um ein Stück

Brot bitten konnte, ohne dass es allzu sehr wie Bettelei aussah.

Die Einzelheiten schockierten mich, einerseits wegen ihrer Drastik, andererseits weil ich mit einmal das Gefühl hatte, trotz allen Bemühens sehr wenig über den Vater zu wissen, über seine Herkunft, seine Niederlagen, seine Ängste und Wünsche.

Schon gewusst hatte ich, dass er beim Verladen von Kriegsbeute einen verdorbenen Knochen abgenagt hatte und an der Ruhr erkrankt war. Auch dass er innerhalb kurzer Zeit auf vierzig Kilo abgemagert war, hatte er mit Hinweis auf das in seiner Geldtasche hinter durchsichtigem Plastik aufbewahrte Foto gelegentlich erwähnt. Neu war, dass er vor Aufnahme des Fotos vier Wochen bettlägrig zwischen Sterbenden und Toten verbracht hatte. In dem zum Lazarett ernannten Schuppen bei Bratislava hatte man fünfzig Zentimeter tiefe Holzstellagen für die Kranken gebaut. Auf mehreren Lagen wurden je zwei Kranke auf eines der schmalen Bretter gepfercht, sie lagen auf der Seite, eng aneinandergeschmiegt, in Anbetracht der ansteckenden Krankheiten und schlecht versorgten Wunden eine fatale Situation.

Im Gegensatz zu den Tagen waren die Nächte eher kühl, und da uns die russischen Schwestern, die bei mir in äußerst unangenehmer Erinnerung liegen, nur für je 2 Mann eine Decke erlaubten, fror es mich manchmal. So sah ich mich gezwungen, einen meiner Leidenskollegen, der nicht mehr bettlägrig war, zu bitten, mir einen Pullover zu verschaffen. Und wirklich, schon am nächsten

Morgen überreichte er mir das Gewünschte und sagte, er habe ihn einem in der Nacht Gestorbenen ausgezogen, noch bevor die Russen es gemerkt hätten.

Längere Zeit hatte ich meine Liegestätte gegenüber dem soge-nannten Todeslager. Es war nämlich so, die von den Aerzten we-gen schon zu fortgeschrittener Krankheit Abgeschriebenen waren auf ein gewisses Lager gelegt worden. Diese armen Menschen konnten nicht mehr auf den Abort gehen, assen nichts mehr, be-schmutzten vielfach die Liegestätten mit Blut, riefen mit schwa-cher und verzweifelter Stimme dem Sani, wenn sie wieder auf den Abort gehen sollten … Es war furchtbar anzusehen. Beinahe täglich konnte ich sehen, wie einer oder mehrere starben, von al-ler Welt verlassen und ohne jeden Beistand. Die meisten waren bei vollem Bewusstsein, aber ihr Körper war buchstäblich nur Haut und Knochen.

Diese Toten dürften jahrelang im Dunkeln weiterge-flüstert haben, Tote, die flüstern, tun es eindringlich und eigensinnig. Würde abgestimmt, was schöner ist, tot oder lebendig, würden die Toten, die in der Mehrzahl sind, für den Tod votieren.

Dieser Zustand dauerte 2 Tage, dann war das Fieber weg. Nicht wunderlich war es, als ich bald darauf wieder Arbeitsdienst ma-chen musste, und zwar musste ich mit, die Toten vergraben. Die zehn im Laufe des vergangenen Tages Gestorbenen wurden auf einen Leiterwagen geworfen und mit ein paar alten Decken zuge-deckt, nachdem sie vorher nackt ausgezogen worden waren. Acht Gefangene wurden als Lasttiere eingesetzt, und so ging es durch

ein paar Seitenstraßen Pressburgs auf einen Schuttabladeplatz.
Dort war bereits schon ein ausgeschaufeltes Loch, in welches nun
die Toten geworfen wurden. Mir oblag die unangenehme Pflicht,
zuschaufeln zu müssen. Wieviel gestorbene Gefangene in der dor-
tigen Gegend begraben lagen, konnte wohl niemand feststellen.
Jedenfalls standen schon viele Gräber dort, wenn man überhaupt
den Ausdruck »Gräber« hiefür gebrauchen kann.

In der Welt, aus der mein Vater kam, gab es eine solche
Verlassenheit nicht, dort starben die Menschen zu Hause
im Kreis der Familie und im Beisein des Pfarrers. Und die
Totengräber kannten die Namen der Gestorbenen. Vielleicht hatte der Vater deshalb viele Jahre lang an Allersee-
len für das Schwarze Kreuz gesammelt. Er traf sich sonst
nie mit Veteranen, er erzählte uns Kindern nie Details. Er
machte es mit sich und den Toten aus. Sie bevölkerten seinen Schlaf, bewohnten seine Phantasie und beeinflussten
mit stillem Drängen seine Entscheidungen; das ist die Art
der Toten.
»Ja, geh du nach Hause. Ich kann dir nur den einen Rat
geben: Daheim bleiben und nicht fortgehen!«

In der Nacht von Sonntag auf Montag stand der Mond
genau über der letzten Tanne vor meiner Wohnung und
erleuchtete mein Bett. In der zweiten Nachthälfte und am
Morgen, so kam es mir vor, gab es heftigen Wind. Auf
der Treppe hinunter zu meiner Wohnungstür raschelten
Zeitungsblätter, die der Wind dorthin geweht hatte, das
machte meinen Schlaf unruhig. Trotzdem war in der Früh

auch der zweite Container weg, von allen unbemerkt. Wir hatten noch geschlafen, als er abgeholt worden war. Einmal kurz die Augen zugemacht und wieder aufgemacht, und der Vorplatz lag leer in der Morgensonne da, als sei nichts gewesen.

In den Tagen darauf schafften die Mutter und ich bei jeder Autofahrt Altpapier, Altkleider und Altmetall weg. Langsam leerte sich auch die Garage. Es blieb lediglich einiges Holz und das, was wir für den Pfadfinderflohmarkt beiseitegestellt hatten: vergleichsweise wenig. Meine Mutter reiste wieder ab, ich selber blieb noch für einige Tage allein im Haus, mit dem Wissen, dass der Vater in manche der Zimmer nie zurückkehren würde. An Sonntagen und zu Familienfesten würde er in der Küche und in der Stube sitzen. Aber sein Schlafzimmer, das jetzt so leer wie eine Tanzfläche war, gehörte nicht mehr zu seiner Welt.

Ich ging oft im Haus herum, berührt von der Tatsache, dass hier jemand große Mühe aufgewendet hatte, um einen Platz zu schaffen, an dem man sich sicher und behaglich fühlen kann. Jetzt war alles zerrüttet, der Mann, das Haus, die Welt. Ich dachte, dass ich einmal ein Buch schreiben würde mit dem Titel *Landschaft nach geschlagener Schlacht*.

In diese Zeit fiel die dritte Mahd, Anfang September. Erich, der zweitjüngste Bruder meines Vaters, mähte den Obstgarten mit der Sense, alles händisch, Stück für Stück, das beruhigte mich. Der Spätsommer ist mir die liebste Zeit, wenn die großen Bäume mit den rotbackigen Äpfeln und gelben Birnen in der abgemähten Wiese stehen. Und immer weht ein Wind, und die Bäume knarren manchmal wie Fregatten, und in den Nachbargärten spielen Kinder. Und die Schatten der Bäume und Äste, die schon viel Laub verloren haben, sind in der tiefstehenden Sonne so klar und scharf konturiert wie sonst nie.

Von meinem Schreibtisch aus überblickte ich den Obstgarten und die Nachbarschaft. Onkel Erich und Tante Waltraud arbeiteten fast täglich auf dem Feld. Einmal sah ich einen etwa sechsjährigen Türkenbuben, der im Nachbarhaus wohnt und den ich schon öfter *mitarbeiten* gesehen hatte, hinter Onkel Erich herlaufen, während dieser das Heu auf den Leiterwagen lud. Der Bub aß einen Apfel, den er aufgelesen hatte, er nannte Onkel Erich »Opa«, was wohl beiderseits der Ausbildung einer neuen kulturellen Identität förderlich war. Denn die traditionelle Gesellschaft, in der mein Vater und seine Geschwister ihre Kindheit verbracht haben, ist zerfallen. Es gibt noch bäuerliche Arbeiten, aber kein bäuerliches Leben mehr. Der sogenannte Strukturwandel hat aus Wolfurt eine Wohn- und Industriegemeinde gemacht, und wenn jemand einen hochstämmigen Obstbaum pflanzt, erhält er von der Gemeinde einen Zuschuss, damit hie und da noch ein Winkel des Dorfes an eine Kultur erinnert, die hierzulande an ihr Ende kommt.

An dem Apfel nagend, trottete der Bub ein Stück über das Feld und antwortete auf ein fernes Kinderrufen:

»Kuckuck! Kuckuck!«

Er ging zur Grundstücksgrenze, wo im vergangenen Jahr im ehemaligen Obstgarten der Nachbarn zwei Neubauten entstanden sind. Der Bub schaute einem jungen Mann dabei zu, wie er seine Tochter an Hand und Fuß durch den kleinen Garten schwang und dann mit dem Mädchen über die Verandatür ins neue Haus ging. Der Mann war der Enkel der Frau, von der mein Vater das Zimmer im Pflegeheim übernommen hatte. Der Bub rannte zu Erich zurück. Erich zog den mit Heu beladenen Leiterwagen Richtung Haus. Kurz darauf war der Obstgarten leer, und die Stoppeln schimmerten in einem zarten Hellgrün.

Aus Friedrichshafen kam der Zeppelin geflogen und drehte an der Kante zum Oberfeld um – wie sommers bei gutem Wetter jeden Tag mehrere Male. Ein Mäusebussard flog über dem Unterfeld, zwei Rabenkrähen attackierten ihn im Flug, hackten ihm mit den Schnäbeln in den Rücken und gegen die Flügel, was den Bussard aber nicht zu stören schien; zumindest machte er keine Anstalten, den Hieben auszuweichen. Gemächlich glitt er hinüber zur Bregenzer Ache.

Ich dachte daran, wie es gewesen war, wenn ein Gewitter heraufzog und fünfzehn oder zwanzig Familienmitglieder in fieberhafter Arbeit versuchten, das Heu vor dem Regen einzubringen. Die lauten Rufe der Männer in Richtung des Traktors, der den Heuwagen zog, das Stöhnen, wenn eine Gabel Heu hinauf auf das Fuder gestoßen wurde, wir Kinder, die das Heu oben auf dem Wagen entgegennahmen, es verteilten und in die Ecken stampften, die raschen Sandalenschritte der Frauen, die hinter dem Wagen die liegengebliebenen Halme zusammenrechten. Über allem das bedächtige Tuckern des Traktors und das näher kommende Gewittergrollen. Und dann die rasche Fahrt Richtung Tenne. Wir Kinder oben auf dem Fuder legten uns auf den Bauch, damit uns die Äste der Birnbäume, unter denen der Traktor durchfuhr, nicht um die Ohren schlugen. Kleine Heubüschel blieben an den Ästen hängen und hingen dort noch Tage später. Und die großen Regentropfen, die uns auf die nackten, vom Heu zerkratzten Beine klatschten. Und das freudige Gekreisch der kleinen Cousinen und Cousins, die hinter dem Wagen herliefen. Jemand war schon mit dem Fahrrad vorausgefahren und hatte das Tor zur Tenne geöffnet. Der Heuwagen wurde unter lautem Rufen unter den Schutz des Vordaches manövriert. Dann das Prasseln des Regens auf dem Vordach und auf der Straße. Und die heiße Luft in der Tenne zum Ersticken.

Später saßen wir im Wohnzimmer der Großeltern, tranken Saft und aßen Eis. Zu Hause unter die Dusche, die Nase voller Heustaub, ein schnelles Abendessen vor dem Fernseher, schon zu müde, um den Bildern noch folgen zu können, sie fühlten sich wie vorweggenommene Träume an. Dann ab ins Bett, wo die zerkratzten Waden in den rauhen Leintüchern ein wohliges Gefühl erzeugten. Sofort eingeschlafen.

In Erinnerung geblieben ist mir auch, dass sich die Söhne der Großeltern bei Sonnenaufgang zum Mähen des Bühels trafen – das geschah in den siebziger und frühen achtziger Jahren dreimal im Jahr. Meist waren sie zu fünft, Emil, August, Paul, Robert und Erich. Jeder brachte seine Sense und seinen Wetzstein mit, Paul und mein Vater in ihren alten Fußballschuhen, wegen der Stoppeln, die guten Halt boten, wenn sie auf eine Kapuzinerschnecke traten. In gleichmäßigen Reihen mähten die fünf Brüder den steilen Hang. Das Kinderzimmer, das ich mit Werner teilte, hatte beide Fenster auf den Bühel, im Sommer waren die Fenster nachts gekippt. Deshalb wachten wir um fünf in der Früh von den ersten Geräuschen der Wetzsteine auf. Manchmal wetzten zwei Männer gleichzeitig, rhythmisch, sch-t, sch-t, sch-t, im Hintergrund hörten wir das ebenfalls rhythmische Sausen der Sensen in den taufeuchten Grasschwaden. Das dauerte ungefähr anderthalb Stunden, wir schliefen zwischendurch wieder ein. Dann gingen der Vater und seine Brüder mit ihren Sensen über den Schultern nach Hause, duschten und fuhren zur Arbeit in die Hypothekenbank, aufs Gemeindeamt, in den Wald, zum Stromablesen und in die Nationalbank.

Des Menschen Tage sind wie Gras.

Ein paar Kuckucksblumen dazwischen.

Bei einem meiner Besuche in dieser Woche überredete ich den Vater nochmals zum Armdrücken. Zunächst drückte er in die falsche Richtung, ich erklärte ihm, wie wir es machen müssen, er begriff es, dann ließ ich ihn zweimal gewinnen. Er freute sich, aber mehr über den *Blödsinn*, den wir machten, als über die Siege, die er nicht kommentierte. Er sagte nur schmunzelnd:

»Solche, die tun, was wir tun, können sie hier nicht gebrauchen.«

Das Alter?

*Ja, es macht den Eindruck, dass ich nicht mehr der Jüngste bin,
dass ich zu den Älteren zähle oder zu den Alten. Es ist mir
wurscht, wie man es ausdrückt.*

Hast du Angst vor dem Sterben?

*Obwohl es eine Schande ist, es nicht zu wissen, kann ich es dir
nicht sagen.*

Es war am Nachmittag gegen Viertel vor vier. Nachdem ich beim Fahrradgeschäft mehr Luft in die Reifen des Fahrrads gepumpt hatte, fuhr ich zum Altersheim, wo ich den Vater im Aufenthaltsraum der Pflegestation nicht entdecken konnte. Ich fand ihn in seinem Zimmer, wo er auf dem Bett lag, die Augen weit offen.

Auf meine Anrede reagierte er nicht. Ich probierte es nochmals, die Augen blieben starr, keine Reaktion. Ich schaute, ob er atmete – sein Brustkorb hob und senkte sich. Mein Puls ging trotzdem in die Höhe, da auch meine lauter werdende Stimme den Vater nicht erreichte. Ich dachte, es hat ihn der Schlag getroffen oder etwas Ähnliches. Doch bei der zehnten oder elften Anrede zuckte er zusammen und schaute mich entgeistert an, als könne er sich nicht erklären, wie ich so plötzlich an sein Bett gekommen war. Ich fragte ihn aufgeregt, wie es ihm gehe. Er zuckte die Achseln und sagte:

»Hoffentlich gut.«

Es heißt, jede Erzählung sei eine Generalprobe für den Tod, denn jede Erzählung muss an ein Ende gelangen. Gleichzeitig bringt das Erzählen dadurch, dass es sich dem Verschwinden widmet, die verschwundenen Dinge zurück.

Let us sit upon the ground and tell sad stories of the death of kings.

Nachher saß ich auf dem Stuhl und schaute zum Fenster hinaus auf die Lauteracher Straße, wo gelegentlich ein Auto fuhr. Zwischendurch fragte ich den Vater, ob er mit mir nach draußen gehen wolle. Er wollte nicht. Ich versuchte ihm einen Aufenthalt an der frischen Luft schmackhaft zu machen, er stieg aber nicht darauf ein.

»Willst du mit mir hinausgehen, Papa? Wir könnten einen kleinen Spaziergang machen.«

»Wohin spazieren?«, fragte er.

»Hinaus in den Garten.«

»Kein Interesse.«

»Nach Wolfurt, Papa.«

Er schaute mich an, nickte und sagte zum Beweis, dass sein Herz noch immer wusste, wofür es schlug:

»Das ist natürlich etwas anderes.«

Er stand auf und ging mit mir zur Tür. Froh, ihn noch lebend zu wissen, hakte ich mich bei ihm unter.

Je weiter man sich von seiner Herkunft entfernt, desto länger, komme einem vor, hat man gelebt. Legt man diesen Maßstab bei meinem Vater an, ist sein Leben bis zum Krieg kurz gewesen, dann für kurze Zeit lang, dann sehr lange Zeit kurz und erst in der Demenz wieder lang.

Ein Mitbewohner schlurfte daher und fragte mich, ob *Der Wolf und die sieben Geißlein* nicht eine Geschichte von Kindermord sei. Ich sagte ihm, dass er vermutlich recht habe und dass ich darüber nachdenken werde.

Mein Vater blickte dem Mann nach, als ob er ihn nie vorher gesehen habe, dann vergaß er ihn wieder.

Seine Mitbewohner nennt er »arme Tröpfe, bei denen man Wille und Leistung nicht nebeneinanderstellen darf«, und manchmal »Faulenzer«, aber ohne sich selber auszunehmen. Er fühlt sich unter seinesgleichen wohl.

»Hier sind noch mehr *dernrige Fulenzer*. Die habe alle ich zusammengetrommelt.«

Ein anderes Mal sagte er solidarisch:

»Wir sind lauter Geflickte.«

»Ich bin ein harmloser Vertreter auf Gottes Erden, einer, der keine großen Hüpfer macht und alles leben lässt.«

Wenn ich den Vater mit einer Figur aus der Literatur vergleichen will, fällt mir Lewin ein, die männliche Hauptfigur in *Anna Karenina*; und das nicht nur, weil Leo Tolstoi beschreibt, wie Lewin das Gras mit der Sense mäht. Was die beiden vor allem verbindet, ist der Wunsch, die Dinge zu verbessern. Noch heute kann sich der Vater im Garten des Heims umsehen und sagen:

»Hier gäbe es einiges zu verbessern. Das habe ich feststellen können mit meinem freien Auge. Es kommt mir komisch vor, wie sie das hier gestaltet haben. Ich verstehe nicht, was sie da für einen Vorteil haben wollen, da komme ich nicht mit.«

Oft war er mit weitreichenden Planungen beschäftigt: »Ideen hätte ich viele, aber sie kommen nicht mehr heraus.«

Seine ausgebeulten Hosen fallen mir ein und dass er unter dem Sonnenschirm die Garage verputzt hat. Die Nachbarn haben unter dem Sonnenschirm geschlafen.

Oft trug er ein Taschentuch auf dem Kopf, in dessen vier Ecken er kleine Knoten gemacht hatte, als Schutz gegen die Sonne.

»Und was ist das!?«
»Das sind Bäume, Papa.«
Er zog die Brauen hoch:
»Die erwecken aber nicht den Eindruck von Bäumen.«

Jetzt saßen wir auf einer Gartenbank, und er schaute mir interessiert dabei zu, wie ich Notizen in ein altes Schulheft machte, er hielt das Heft fest, damit es mir beim Schreiben nicht wegrutschte. Er fragte:
»Wie ist es dir ergangen mit deinen Papieren?«
»Mit meinen Papieren ist es mir immer gut ergangen«, antwortete ich.
»Mir auch«, sagte er.

Es ist eine seltsame Konstellation. Was ich ihm gebe, kann er nicht festhalten. Was er mir gibt, halte ich mit aller Kraft fest.

Solche Stunden ziehen sich in die Länge, und ich habe Zeit, auf vieles achtzugeben. Kaum etwas entgeht meiner Aufmerksamkeit, ich bin klar und geistesgegenwärtig, alle Dinge strömen mit einer Deutlichkeit auf mich ein, als verbreite sich plötzlich ein starkes Licht um mich her.

Der Vater überwachte mein Schreiben, als wolle er sagen: Sitz still, mein Sohn – du musst deine Lektion lernen!

Es gibt da etwas zwischen uns, das mich dazu gebracht hat, mich der Welt weiter zu öffnen. Das ist sozusagen das Gegenteil von dem, was der Alzheimerkrankheit normalerweise nachgesagt wird – dass sie Verbindungen kappt. Manchmal werden Verbindungen geknüpft.

Als das vereitelt wurde, was wir uns erhofften, da erst lebten wir.

Das Glück, das mit der Nähe zum Tod eine besondere Dichte erhält. Dort, wo wir es nicht erwartet hätten.

Es halten wie General de Gaulle, der auf die Frage, wie er zu sterben wünsche, geantwortet hat: »Lebend!«

Als ich an einem Samstagnachmittag Tante Berti besuchen ging, die erste Frau von Paul, war ich knapp neunzehn Jahre alt. Berti wollte sich von ihren vielen Nichten und Neffen verabschieden. Ein Geistlicher verließ gerade das Haus. Er hatte Tante Berti beim Gehen gute Besserung gewünscht, sie sagte zu mir, man wünsche jemandem, der im Sterben liegt, nicht gute Besserung, das sei lächerlich. Sie schien enttäuscht und gekränkt. Dieser kurze Moment, in dem eine sterbende Frau, Mutter von drei Kindern, zwei davon halbwüchsig, angesichts des Todes forderte, vor den Tatsachen die Augen nicht zu verschließen, machte einen tiefen Eindruck auf mich. Ich habe mich von diesem Satz nie ganz erholt.

Manchmal lernt man in einem Augenblick mehr als in einem ganzen Jahr Schule.

In diese Zeit fallen auch die traurigen Ereignisse rund um den Freitod dreier Patenkinder meines Vaters: Joe, Maria und Irmi. Es ist das große, in seiner unfasslichen Zufälligkeit nur schwer zu verarbeitende Familienunglück, das nicht aufhört, auf allen zu lasten.

Als ich den Vater darauf ansprach, konnte er sich nicht erinnern.

»Nein, davon weiß ich nichts«, sagte er.

Dafür ist seine Mutter, die ebenfalls in dieser Zeit starb, wieder lebendig:

»Ich muss nach Hause, die Mam wartet auf mich!«

Schicksal war jahrtausendelang ein elementarer Begriff. Heute ist es fast verpönt, von Schicksal zu reden, alles muss erklärt werden. Aber manchmal kommt etwas auf uns zu, das wir nicht erklären und auch nicht aufhalten können. Zufällig trifft es die einen, die anderen zufällig nicht. Warum? Das bleibt ein Rätsel.

Die Sehnsucht nach dem Durchlebten und nach den Menschen, die uns zurückgelassen haben.

Irgendwann wird der Vater den Atemzug tun, auf den kein weiterer mehr folgt. Das macht mich wütend, der ganze Aufwand – und wofür das alles? Dann wieder denke ich, dass etwas dran ist an dem, was Julien Green achtzigjährig in sein Tagebuch geschrieben hat: dass er kein Problem damit habe, Fähigkeiten zu verlieren und sterben zu müssen. Gott nehme den Schwamm und lösche, was auf der Tafel geschrieben stehe, wieder aus, um seinen eigenen Namen draufzuschreiben.

Im Gegensatz zu mir ist mein Vater sehr gläubig. Doch in einem weltlichen Sinn gefällt auch mir, was Julien Green geschrieben hat von diesem *Anderen*, der seinen Namen auf die Tafel schreibt. Orte, die wir nutzen, werden von anderen genutzt werden. Die Straßen, in denen wir fahren, werden von anderen befahren werden. Der Platz, auf den der Vater ein Haus gestellt hat, wird von anderen Menschen bewohnt werden. Jemand wird die Geschichten, die ich erzähle, weitererzählen.

So absurd und traurig dieses Arrangement ist, so richtig kommt es mir vor.

In der Zeitung heißt es, dass Kakerlaken auf dem Bikini-Atoll Atombombentests überlebt haben und dass sie am Ende auch die Menschheit überleben werden. Schon wieder etwas, das mich überleben wird. Ich hatte mich schon damit abgefunden, dass mich der Wein und die Mädchen überleben werden. Aber dass es Kakerlaken geben wird, die sich ihres Lebens erfreuen, während ich habe abtreten müssen, das schmerzt ein wenig.

Als ich mir einmal aus dem Vorratskeller eine Flasche Wein holte, war das schmale Fenster unter der Decke gekippt, deshalb konnte ich von draußen meinen Vater reden hören. Er saß mit Daniela auf dem Mäuerchen und sagte:
»Vielleicht kommt einmal die Zeit –«

Wenn die Menschen unsterblich wären, würden sie weniger nachdenken. Und wenn die Menschen weniger nachdenken würden, wäre das Leben weniger schön.
Ohne die Absurdität des Lebens und die Existenz des Todes wäre weder *Die Zauberflöte* noch *Romeo und Julia* geschrieben worden. Warum hätte irgendwer sollen?

Der Tod ist einer der Gründe, weshalb mir das Leben so anziehend erscheint. Er bewirkt, dass ich die Welt klarer sehe.
Willkommen ist er mir deswegen nicht, ich empfinde ihn als verstörend, es ist unendlich schade um das viele Schöne, das verlorengeht. Doch da Sterben die unumgängliche Praxis ist, kommt mir die Empörung darüber wie Bellen in der Nacht vor – angesichts des sich aufdrängenden Lebens.

Die Zeit wird weiter dahingehen, allen Protesten zum Trotz.

Ich glaube, es ist der Film *Die Lady von Shanghai*, in dem folgender kleiner Dialog vorkommt:
»Ich will nicht sterben.«
»Ich auch nicht. Und wenn, dann als Letzter.«

Sosehr die Menschen am Leben hängen: Wenn sie finden, dass ein Leben nicht mehr ausreichend Lebensqualität bietet, kann das Sterben plötzlich nicht schnell genug gehen. Dann wird das Thema Sterbehilfe aufgebracht von Angehörigen, die besser daran täten, über die eigene Unfähigkeit nachzudenken, mit der veränderten Situation umzugehen. Die Frage ist: Will man den Kranken von der Krankheit befreien oder sich selbst von der Hilflosigkeit?

Schuldig, weil man noch lebt! – Noch immer!

Es trifft mich immer unvorbereitet, wenn mir der Vater mit einer Sanftheit, die mir früher nicht an ihm aufgefallen ist, seine Hand an die Wange legt, manchmal die Handfläche, sehr oft die Rückseite der Hand. Dann erfasse ich, dass ich nie enger mit ihm zusammensein werde als in diesem Augenblick.

Ich werde mich immer daran erinnern. Immer. Immer! Oder wenigstens, solange ich kann.

Ich legte den Arm um seine Schulter und sagte:

»Na, du alter Haudegen?«

»Ich?«, fragte er überrascht.

»Bist du kein alter Haudegen?«

»Das kommt drauf an, wie man es auslegt. – – Weißt du, ein Haudegen hat Kraft …«

Dann schaute er mich an, musterte mich freundlich und sagte:

»Du bist einer, der viele Dinge gemocht und viele Dinge ums Verrecken nicht gemocht hat.«

»Manche Dinge habe ich gerne gemocht«, sagte ich.

»Abenteuer hast du immer gerne gemocht. Ich nicht.«

»Was hast du gerne gemocht?«

»Heimgehen.«

Ein anderes Mal, als ich seine Hand nahm und sie drückte, fragte er mich:

»Warum tust du das?«

»Nur so«, sagte ich.

Er schaute mich an in einer Mischung aus Neugier und Irritation, dann sagte er:

»Du darfst meine Hand natürlich halten, so viel du willst. Aber es würde mich schon interessieren, warum du sie hältst.«

»Ich tue es, weil ich dich mag«, sagte ich.

Diese Erklärung beschämte ihn; in einem Tonfall, der mit seiner Selbsteinschätzung zu tun hatte, nichts mehr zu taugen, sagte er:

»Das meinst du bloß …«

»Natürlich mag ich dich!«, sagte ich verunsichert und deshalb mit wenig Überzeugungskraft.

Mein Vater senkte den Kopf und ließ das Thema fallen.

Wenn ich mich frage, was der Vater für ein Mensch ist, passt er manchmal ganz leicht in ein Schema. Dann wieder zerbricht er in die vielen Gestalten, die er im Laufe seines Lebens anderen und mir gegenüber eingenommen hat.

Diese unauslotbare Fähigkeit, fröhlich zu sein und zu lachen und rasch Freundschaften zu schließen.

Bei der Heimkehr aus dem Krieg ist dem Vater das Talent, Sympathien zu gewinnen, wiederholt zugutegekommen. Die Namen derer, die ihm in der Not geholfen haben, sind in den Aufzeichnungen über das Kriegsende sorgfältig festgehalten. Die Fähre über die Donau bei St. Valentin musste bezahlt werden: von einem gewissen Alfons Mayr aus Ried im Innkreis. In Urfahr bekam er einen Laib Brot von Ewald Fischer und Guido Orsinger aus Kennelbach. Einer fälschte für ihn einen Entlausungsschein, damit er sich im Rotkreuzwagen unter die Bank legen durfte: Siegfried Nosko aus Dornbirn. Einer teilte mit ihm seine doppelte Ration Essen: der Musiklehrer Franz Gruber aus Bregenz, der für die Amerikaner Tanzmusik machte.

Fast jeder und jede scheitert an der Idee, die man vom Vater hat. Kaum ein Mann schafft es, dem Bild gerecht zu werden, das Kinder sich vom Vater machen.

Was könnte er mir von der Krankheit erzählen, wenn er von dort zurückkäme – wie Rip van Winkle von der zwanzigjährigen Nacht beim Kegeln. Wir könnten jetzt bestimmt anders miteinander reden, offener, umgänglicher, klüger.

Seine Kinder, das zeichnet sich immerhin ab, werden in gewisser Weise geläutert aus den Geschehnissen hervorgehen.

Es ist offenkundig, dass es tiefe Spuren hinterlässt.

Nach vielen Jahren der Trennung und der Selbständigkeit hat ihm seine Frau die missglückte Ehe verziehen. Sein aufrichtiger Wunsch nach einer lebenslangen Beziehung geht ein bisschen in Erfüllung.

Vor wenigen Tagen saß er zu Hause in der Küche auf einem Stuhl, hielt die ganze Zeit still, und meine Mutter schnitt ihm die Haare.

Gerade in Familien- und Paarbeziehungen kennt man Gefühle mit verdrechselten Lebensläufen – *gewunden wie Korkenzieher.*

Oft sehe ich in dem armen, seines Verstandes beraubten Menschen den Vater früherer Tage. Wenn die Augen klar blicken und er mich anlächelt, was ja zum Glück sehr oft geschieht, dann weiß ich, dass sich auch für ihn mein Besuch gelohnt hat.

Oft ist es, als wisse er nichts und verstehe alles.

Einmal, als ich ihm die Hand gab, bedauerte er mich, weil die Hand kalt war, ich sagte, ich käme von draußen aus dem Regen. Er behielt meine Hand zwischen seinen Händen und sagte:

»Ihr könnt tun, was ihr zu tun habt, ich werde derweil diese Hand wärmen.«

Nachher setzten wir uns nach hinten auf die Couch, und als entschieden war, wer sich wohin setzt, sagte er:

»Ich bin ein älterer Knabe und liebe verzwickte Sachen nicht.«

Aus den Lautsprechern ertönte Mozart, in dezenter Lautstärke. Wenn jemand vorbeiging, sagte der Vater »Halleluja!« und schaute der betreffenden Person hinterher. Als er wieder »Halleluja!« gerufen und die Person gelacht hatte, kommentierte er es für Katharina und mich mit den augenzwinkernden Worten:

»Das wirkt wie Bombe.«

Dieser alte Mann mit seinen kleinen Sehnsüchten, die er einer neuen Wohnung im Paradies vorzieht: Spazieren gehen und jemanden treffen, mit dem er ein wenig reden kann.

Im Altersheim ist nicht mehr viel zu erwarten – kleine Annehmlichkeiten – lachende Gesichter – herumstreichende Katzen – ein gelungener Scherz –. Mir gefällt es, dass die Menschen, die hier wohnen, aus der Leistungsgesellschaft befreit sind.

Ein Mangel an Möglichkeiten hat manchmal etwas Befreiendes. Ich stelle es mir vor wie das Warten an einer kleinen Bahnstation in Sibirien, kilometerweit abseits der nächsten Siedlung, man sitzt und knackt Sonnenblumenkerne. Irgendwann kommt bestimmt ein Zug. Irgendwann wird etwas passieren. Bestimmt.

Der Vater nahm einen Schluck vom Kaffee, stellte die Tasse neben die Untertasse, schaute die beiden an und fragte:
»Sind das Verwandte?«
»Ja, die gehören zusammen«, gab ich zur Antwort.
»Ich hab's mir gedacht wegen der Farben«, sagte er.

In der Zeitung steht, schwarze Schafe werden wegen der Erderwärmung seltener.

Meine Befürchtungen, dass der gute Teil vorbei sei, hatten sich oft genug als ungerechtfertigt erwiesen, meine Vorhersagen waren selten eingetroffen. *Da täuschest du dich sehr*, hätte der Vater wiederholt sagen müssen, in seiner besonnenen Art. Deshalb schaue ich jetzt nicht mehr so ängstlich in die Zukunft wie am Anfang. Ich sehe das alles nicht mehr so düster.

In gefasster Erwartung.

Ich wollte mir mit diesem Buch Zeit lassen, ich habe sechs Jahre darauf gespart. Gleichzeitig hatte ich gehofft, es schreiben zu können, bevor der Vater stirbt. Ich wollte nicht nach seinem Tod von ihm erzählen, ich wollte über einen Lebenden schreiben, ich fand, dass der Vater, wie jeder Mensch, ein Schicksal verdient, das offenbleibt.

Zum Zeitpunkt, da ich diese Sätze schreibe, bin ich fast genau halb so alt wie er. Es hat lange gedauert, hierher zu kommen. Es hat lange gedauert, etwas herauszufinden über die grundlegenden Dinge, die uns getrieben haben, die Menschen zu werden, die wir sind.

»Früher war ich ein kräftiger Bursche«, sagt der Vater zu Katharina und mir. »Nicht solche Geißlein wie ihr!«

Es heißt: Wer lange genug wartet, kann König werden.